環地福分類字課圖說

柒

聖　去

式正切、音聲去聲、大而化之之謂聖、

孔聖　聖人

聖者聲也、聞聲知情於理無所不通故謂之聖、孔子之聖集大成者也、故為萬世之師、

賢　平

戶千切、音弦、次於聖者曰賢、

聖賢　賢士

賢、有德者之稱也、可久者賢人之德、可大者賢人之業、又多才者曰賢、賢人之賢亦曰賢、

俊　上

祖峻切、音雋、

英俊　俊傑

說文、材千人也、淮南子知過萬人者曰英、知過千人者曰俊、又士之秀者曰俊士、

乂　去

魚刈切、音刈、賢才為乂、又通作刈

俊乂　乂安

說文、芟草也、爾雅、乂、治也、故國治曰乂安、又賢才之稱、書俊乂在官是也、又牛蓋切、音艾、懲創也、

豪　平

乎刀切、音毫、有兼人之智者曰豪、

豪邁　英豪

又通作毫、毛之尖銳者、故人之英銳亦曰豪、

傑　入

渠列切、音桀、

人傑　豪傑

傑、特立也、才智過人者曰傑、漢書蕭何子房韓信稱為三傑

儒 平

汝朱切、音襦、讀書曰業儒、

大儒　儒士

儒、學者之稱也、通天地人曰儒、又侏儒、短人也、

士 上

鉏里切、音仕、男子之通稱、又官之總名、與仕通、

博士　士子

說文、士、事也、數始於一、終於十、士从一从十、推十合一、惟士能之、故士為四民之首、

彦 去

魚變切、音諺、博士之稱也、

邦彦　彦士

說文、美士有文、人所言也、爾雅、美士為彦

偉 去

羽鬼切、音韙、

英偉　偉人

偉、大也、凡才大者曰偉士、功大者曰偉人

剛 平

居郎切、音岡、剛、柔之對也、

堅剛　剛強

剛、健也、強也、天之道也、易曰、大哉乾乎、剛健中正、

毅 去

疑既切、音劓、剛而有決者曰毅

剛毅　毅力

毅、妄怒也、一曰有決也、篆文从辛、辛者剛也、故訓為剛毅字、

純

上　平

殊倫切、音湻、精一不雜曰純、

真純　純粹

說文、純絲也、絲無雜質故曰純、假借為純粹純美之純、又之尹切、音準、緣也、緣衣曰純衣、又徒温切、音屯、束也、又從緣切、音全、二算為純、

孝

去

許教切、音哮、孝者子道也、

仁孝　孝子

說文、善事父母者曰孝、从老省从子、子承老也、

恕

上

商豫切、音書去聲、說文恕仁也、

忠恕　恕人

推己及人為恕、恕者仁之施也、以己之心度人之心、故曰如心為恕、

敦

去　平

都昆切、音墩、說文、怒也、詆也、又篤厚曰敦、

敦厚

敦、厚也、敦厚所以重禮也、故士子立行曰敦品、延請師長曰敦請、以示厚重之意也、又都回切、音堆、詩敦商之旅、敦治也、又都内切、音對、黍稷器、

厚

去

很口切、音候上聲、厚者薄之對也、

篤厚　厚薄

說文、厚、山陵之厚也、凡不薄者皆曰厚、故引申厚德厚道之厚也、

誠

平

時征切、音成、說文、信也、

真誠　誠實

真實無妄之謂誠、誠者天之道也、誠之者、人之道也、

去

信

平

思晉切、音訊、信、誠實也、又疑之對也、

忠信　信實

信不疑也、爾雅大蒙之人曰信、又符契曰信、訊問之書亦曰信、又升人切、音申、與伸同、

孚

平

芳無切、音敷、

相孚　孚卵

說文、卵孚也、即孵之本字、一曰信也、言鳥之孵卵子、如期而不失信也、又中孚、易卦名、甲孚、萬物初生也、

寬

平

枯官切、音欵平聲、寬者狹之對也、

蓋寬　寬大

說文寬屋之寬大也、寬則有容、故引申為寬容之寬、寬則必裕、故引申為寬裕之寬、

上

智

平

知義切、音置、智者無所不知也、

聖智　智士

智、知也、知而無不合謂之智、通作知、

去

慧

胡桂切、音惠、了然於心之謂慧、

智慧　慧敏

慧、解悟也、智之存於中者曰慧、慧之發於外者曰智、

淑

入

殊六切、音孰、說文、淑、清湛也、

賢淑　淑女

淑、善也、師人之善亦曰淑、詩淑人君子、孟子予私淑諸人也、

善　去　上

上演切、音蟺、善者惡之對也、時戰切、音繕、稱人之善也、

友善　善士

凡善惡之善、讀上聲、如論語善人是富是也、彼善而我善之、讀去聲、如孟子王如善之是也、

良　平

龍張切、音梁、良者本然之善也、

天良　良知

良者、量也、量力而動、不敢妄作善也、故謂民之善者曰良民、士之善者曰良士、又婦人謂夫曰良人、

資　平　貲

津私切、音咨、天之所賦者曰資、

家資　資質

資、財也、人所賴以取資也、假借為資質之資、人之有資質、猶資財之於日用也、

質　入

之日切、音桎、物之體曰質、

文質　質樸

質本質也、凡物必有質、以成為體、故曰體質、體質皆樸實、故引申為質樸之質、又陟利切、音致、以物相贅為質、如今之質當是、

才　平

牆來切、音裁、有能者曰才、

賢才　才能

說文、才、初生之草木也、又天地人為三才、又通作材、說文材木之挺直者也、

哲　入

涉列切、音折、知哲　哲人

同喆

哲、智也、書知之曰明哲、揚子哲知也、齊宋之間、謂知為哲、

福 入

方六切，音覆入聲，祐也，祥也。

福壽　納福

福者，備也。洪範五福，一曰壽，二曰富，三曰康寧，四曰修好德，五曰考終命。五者俱備，故謂之福。又祭祀胙肉曰福。

祉 上

丑里切，音恥，福也。

祉履　福祉

祉者，止也，福之所止而不移，謂之祉。

嘉 平

居牙切，音加，稱人之善曰嘉。

嘉祥　可嘉

嘉，善也，吉也，故冠昏等禮謂之嘉禮。

祥 平

徐羊切，音詳，福也，一曰善也。

祥瑞　吉祥

祥者，詳也。天欲降以禍福，先以吉凶之兆，詳審告悟之，曰祥。故凡吉凶之兆皆謂之祥。今以吉兆為祥，凶兆為不祥。

康 平

邱岡切，音穅，安樂曰康。

康樂　安康

康，安也，樂也。五福三曰康寧。爾雅五達謂之康。康，昌盛也。車步併列並用之言，尤盛也。又大有曰康年。

榮 平

于營切，音營，繁盛光明也。

榮辱　恩榮

草木繁盛謂之榮，故从木从熒。顯榮之榮亦是此義。

忠　平

陟隆切，音中。中心為忠。

盡忠・忠厚

盡己之心謂忠，忠者內盡其心而不欺也，故事君以忠，交友以忠，皆以盡己之心而已。

貞　平

知盈切，音禎。

守貞　貞誠

說文：貞，卜問也。从卜，以貝為贄也。卜者必誠，故轉訓為貞誠之貞。卜者必正，故轉訓為貞正之貞。又女貞，木名。

莊　平

側羊切，音裝。厚重也，又盛大也。

端莊　莊重

莊，草盛貌。从草壯，會意。又嚴也。論語：臨之以莊則敬。又爾雅：五達謂之康，六達謂之莊，故道路平坦曰康莊。

敬　去

居慶切，音竟。恭之存於中者曰敬。

恭敬　敬禮

敬，肅也。敬主乎內，恭見乎外。論語：修己以敬。易：敬以直內。皆主內而言之也。

嚴　平

疑杴切，音巖。

嚴厲　威嚴

嚴，威也。又憚也。臨人以威曰嚴，畏人之威亦曰嚴。又昏鼓曰夜嚴，寒氣凜冽曰嚴寒，軍行設備曰戒嚴。

慤　入

乞約切，音殼。說文：謹也。亦作愨。

端慤　慤誠

行見中外謂之慤，言其人之坦白也。

仁　平

而鄰切，音人。仁者，義之本也。仁心　仁人

仁，人心也。心如穀種，生之性，便是仁。故凡果核之心皆曰仁。又手足痿痺為不仁。

讓　去

而亮切，音壤去聲。讓有二義：一為責讓，二為謙讓之讓。辭讓　讓人

讓，責讓也，詰責以辭之謂讓。又謙讓也，先人後己之謂讓。

恭　平

居容切，音供。敬之發於外者曰恭也。端恭　恭敬

恭，敬也。在貌為恭，在心為敬。論語：貌思恭。書：貌曰恭。皆主外而言之也。

廉　平

力鹽切，音匳。方正不苟曰廉。清廉　廉泉

堂側曰廉。廉，斂也，言自檢斂也。又稜也，言有稜角也。又廉訪，官名，今稱臬司。

端　平

多官切，音偳。中正無邪曰端。兩端　端方

端，始也。古本作耑，說文：物始生也。故凡事之始起皆曰端。端，正也。正月為歲首，又曰履端。故假借為端正之端。

儉　上

巨險切，音箝上聲。儉者奢之對也。寒儉　儉約

儉，約也，謂省約也。如理財節用曰儉，是。又少也，不足也。如歲歉曰儉歲，腹空曰儉腹，是。

壽（去）

承呪切、音綬。年高曰壽。

福壽　壽考

壽久也、凡年齒皆曰壽。古者百二十歲曰上壽、百歲曰中壽、八十歲曰下壽。

夭（上）（平）

伊堯切、音妖、少好也。又烏皓切、音襖、少小也。夭夭。又伊鳥切、音妖、亡也。

夭壽

夭色愉貌、又草盛貌。又夭、未壯也。未生者曰胎、方生者曰夭。又夭、短折也、不盡天年者謂之夭。

鰥（平）

姑還切、音關、無妻也。

老鰥　鰥夫

鰥魚名。詩云其魚魴鰥是也。又老而無妻曰鰥。

寡（上）

古瓦切、音瓜上聲、無夫也。

孤寡　寡居

寡少也、如多寡之寡是。又單獨也、如寡婦無夫之稱也。寡人、王者之謙辭也。又古者無婦無夫並謂之寡。

孤（平）

攻乎切、音姑、無父也。

三孤　孤子

孤、獨也。幼而無父曰孤。又國君謙稱曰孤。又子身獨處曰孤。又三孤、少師、少傅、少保也。

獨（入）

杜谷切、音犢、無子也。

煢獨　獨夫

獨獸名、似猨而大。猨性喜羣、獨性喜特。猨鳴三、獨叫一、故謂之獨。假借為惸獨之獨。獨單也、老而無子曰獨。

窮 平

渠宮切、音竆、貧困曰窮、

困窮　窮民

窮、極也、本作竆、省作窮、事盡理屈曰窮、引申為困窮之窮、

賤 去

在線切、音羨、不貴曰賤、

貧賤　賤貨

賤、賈少也、如物價貴賤之賤是、又卑下也、如富貴貧賤之賤是、

偉 上

于鬼切、音韙、大也、

雄偉　偉人

偉、大之之詞也、

壯 去

側況切、音莊去聲、年富力強曰壯、

強壯　壯夫

壯、強盛也、禮三十曰壯有室、言方強壯之年也、有室者男子三十而娶也、又大壯易卦名、又八月為壯月、

肥 平

符非切、音腓、肉多曰肥、味厚亦曰肥、身胖亦曰肥、

合肥　肥瘦

肥、多肉也、从肉从卩、肉不可過多、故从卩戒也、又豚曰肥腯、又田之高下曰肥瘠、又合肥縣名、在今安徽省

瘠 入

秦昔切、音籍、肉少骨多曰瘠、本作膌、象肉見骨形、

肥瘠

瘠、瘦病也、从疒从脊、人病則脊見、故訓瘠為瘦、

神　平

乘人切、音晨、在天曰神、在地曰祇、釋氏稱菩薩

天神　神氣

神天神引出萬物者也、故从示从申、天之神棲乎日、人之神棲乎目、又聖神大而化之之謂聖、聖而不可知之謂神、又鬼神陰魄為鬼、陽魂為神、

仙　平

蘇前切、音先、山僊、居之人也、亦作

神仙　仙居

仙者遷也、遷入山也、故字从山又老而不死曰仙、又仙居仙遊縣名、

佛　入

符勿切、音咈、釋氏之宗也、或曰覺悟衆生曰佛、

仙佛　佛法

佛國在今印度、俗云西方聖人按列子西域之國有化人也、無聖人名佛之說、字彙沿正韻改化人為聖人、非、按聖人本訓彷佛之佛、見不審貌、

菩　平

薄胡切、音蒲、菩薩、又薄亥切、音倍、草名、

菩提

菩提樹名、出摩伽陀國、佛書云菩提薩埵、言覺有情也、從簡稱菩薩、

薩　入

桑割切、音撒、菩薩、

菩薩

菩普也、薩濟也、能普濟衆生者曰菩薩、菩之為言了也、薩之為言見也、謂智慧了見者曰菩薩

佛

僧 平

思登切，音塞平聲。釋教曰僧，俗呼和尚。

梵僧　僧道

僧，沙門也。梵書云，僧伽，從浮屠教者，或稱上人。梵語僧伽邪三合音，俗取一字，名曰僧，亦呼和尚。

僧

尼 平

女夷切，音泥，女去僧曰尼。又女乙切，音匿，止也。

僧尼　尼姑

尼，女僧也。釋典有比丘尼，俗呼為尼姑。又釋氏禮佛之珠曰牟尼，計百零八粒，俗呼為念珠。

尼

禪 平

時戰切，音繕，讓位曰禪，佛教曰禪門。

封禪　禪門

禪，讓也。唐虞以位讓賢曰禪。又封禪也。築土曰封，除地曰禪，與墠同。又浮圖家有禪說，禪有五，外道禪、凡夫禪、小乘禪、大乘禪、最上乘禪。

燄 上

以冉切，音琰，火勢曰燄。

火燄　燄口

燄，火行貌，火光上行曰燄。燄又燄氣燄也，言人之倚勢作威也。今俗延僧施食曰放燄口。

禱（上）

都老切，音倒。求神曰禱。

拜禱　禱神

禱，求也。告神求福曰禱。引申之，凡有求於人亦曰禱。

祝（入）

之六切，音粥。告神曰祝。

廟祝　祝史

祝，巫祝也，主祭祀贊詞者。从示，从人口，會意。以贊詞告神曰祝文。又祝融，神名。又職救切，音晝。說誓曰祝，通作呪。

鬼（上）

居偉切，音詭。人死為鬼。

厲鬼　鬼魅

鬼者，精魂所歸也。精氣離形，各歸真宅，故謂之鬼。陰魂為鬼，陽魂為神。氣之屈者為鬼，氣之伸者為神，故謂之鬼神。

魔（平）

眉波切，音摩。鬼從人生曰魔。

鬼魔　魔怪

心思專一，則謂之入魔。故人以無為有，則魔生。

祟（去）

雖遂切，音粹。鬼神所禍也。

鬼祟　禍祟

祟者，禍咎之徵也。鬼神所以示人者謂之祟，故从出，从示。

魅（去）

明秘切，音媚。山林中之妖異也。

魑魅　魅怪

物至老則成魅。

祇 平

渠宜切，音岐。地神也。

地祇　祇恭

祇，提也。地出萬物，而民享其成，故謂地神曰地祇。又讀章移切，音至。

籙 入

龍玉切，音錄。籙以告神之文曰籙。

符籙　籙紀

古者帝王受命，名曰受籙。道家竊其名，以名其告天之表。後世又混籙于符，名曰符籙。

妖 平

於堯切，音夭。反常為妖。

擒妖　妖怪

妖，女之巧笑貌。假借為祅。凡事物之反常皆曰祅。經傳多假用妖者，以同聲相通也。

靈 平

郎丁切，音鈴。陰去之精氣也。

神靈　靈應

說文靈从霝从巫，巫能通鬼神，故為靈氣之靈。引申為魂靈之靈。

怪 去

古懷切，音乖字之去聲。物不常見者曰怪。

妖怪　怪物

怪之謂言異也。物不數見者皆謂之怪。故引申之為妖怪之怪。

亡 平

武荒切，音忘。失其所有曰亡。

逃亡　亡命

亡，滅也。國滅曰亡，人死亦曰亡，逃走亦曰亡，廢時失業曰荒亡，婦人喪夫曰未亡人。又通忘，詩云曷維其亡是也。又通無，詩云何有何亡是也。

漁 平

牛居切，音魚，捕魚曰漁，
漁父　陶漁

漁，捕魚之人也，漁者以網取魚，是無所擇，故謂侵取無擇者，曰漁，如漁利漁色之類是也。

釣 去

多嘯切，音弔，
釣魚　垂釣

釣以鉤取魚也，故謂以術鉤引者曰釣，如釣譽之類是也。

網 上

文紡切，音罔，所以羅物者曰網，
絲網　網羅

網魚網也，結縷為之，布網於水，絕流而漁之，謂之網魚，本作网，或作罔，易作結繩而為罔罟，以佃以漁，言張網於陸，可以取鳥，布網於水，可以取魚也，

罶 上

力九切，音柳，捕魚之笱曰罶。
魚罶　罶罶

罶，留也，魚所留也。凡以薄為魚笱者，名曰罶。罶以竹為之，其口可入而不可出，故从网从留。罶亦用罟之類也。

罶

罾 平

咨登切，音增，小於網者曰罾。
扳罾　罾網

罾，魚網也。形似仰繖，蓋四維而舉之者曰罾。

罾

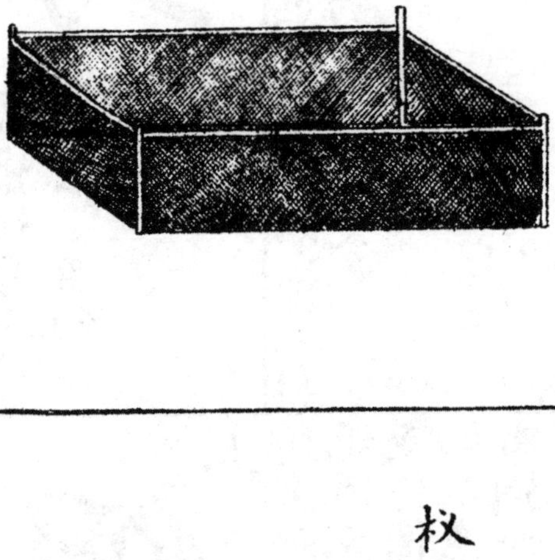

杈 平

初加切，音叉，歧支曰杈，通作叉。
魚杈　杈杷

杈，捕魚之具也。周禮以時籍魚鱉龜蜃，謂以杈刺泥中搏取之也。又初佳切，音釵，杈杷，農器收草之具也。

杈

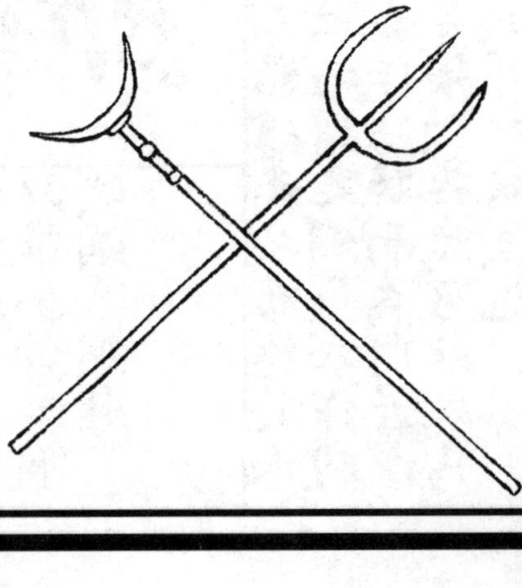

樵 平

慈焦切、音譙、散木爲薪曰樵、

魚樵　樵夫

樵、散木也、又采薪曰樵、采薪之人曰樵夫、又焚也、公羊傳、焚之者何、樵之也、

牧 入

莫六切、音目、畜養曰牧、放牛之人曰牧童、

州牧　牧養

牧、放牛也、牛曰牧、馬曰圉、爾雅、郊外謂之牧、言可牧放也、又州長曰牧、田官曰牧、治民之官曰司牧、

屠 平

同都切、音徒、殺牲曰屠、

屠户　牲屠

屠、殺也、宰殺牲畜曰屠、宰殺牲畜之人曰屠户、又凡罪人一門盡戮者謂之屠、

民 平

彌鄰切、音泯、民者指天下之人而言也、

庶民　民生

民、萌也、言萌而無識也、古者四民士農工商是也、有總言民者、如詩云天生烝民是、有對君言民者、如書云民惟邦本是、

商 平

式陽切、音觴、行貨曰商、

通商　商賈

商者由外以知內也、凡揆度有無、以通四方之物者謂之商、商所以行貨者也、故西國專重商務、本朝設通商大臣之職、又商朝、湯有天下之號

賣 去

莫懈切、音邁、以物售人曰賣、

買賣　賣主

賣本作賣、从出从買、言出其物以待買者也、

氓 平

眉唐切、音萌、或作甿、

新氓　流氓

氓、民也、或曰、流亡之民、或曰新從之民、故氓亦訓流氓、又訓新氓、

賈 上

果五切、音古、居貨待售曰賈、

賈人　商賈

賈、市也、行貨曰商、居貨曰賈、賈者坐以待售也、又居亞切、音駕、與價同、

買 上

毋蟹切、音買、以錢易物曰買、

收買　買辦

買、易人之物也、出曰賣、入曰買、

去

販

方願切，音畈，小本經營曰販。

負販　販夫

販，買賤賣貴者，販夫販婦，朝資夕賣，謂貧民無資，隨買隨賣以博微利者。

去

貿

莫候切，音茂，以物交易曰貿。

貿易　貿然

貿，易財也，本作貿，貿猶亂也，交易互市之義，又貿貿目不明之貌。

去

購

古候切，音構，買也。

添購　購置

指物而買曰購，買與購皆以財易物，惟買常有之物則曰買，買難得之物則曰購。

入

鬻

余六切，音育，賣物也。

鬻賣　熏鬻

鬻，售也。

去

兌

徒外切，音穨字之去聲。

發兌　兌滙

貤易曰兌，又訓悅，卦名，古通說。

去

售

承臭切，音授，物賣出曰售。

銷售　售出

售，賣物出手也，物賣於人曰售，如俗云脫貨是也。

欠 去

去劍切、音謙去聲、欠缺也、又呵欠嘘氣也、

虧欠　欠賬

欠、不足也、負人財物曰欠、如虧欠之欠是、張口呵氣曰欠、如欠伸之欠是、

債 去

側賣切、音齋去聲、

欠債　債主

債、負也、今俗謂負財曰債、所負之財亦曰債、又通作責、周禮四曰聽稱責、責讀如債、

償 平

辰羊切、音常、償還也、

賠償　償還

償、還所值也、又酬報亦曰償、事之如願亦曰償、

賒 平

詩遮切、音奢、貰物曰賒、

賒欠

賒、貰買也、無資而買物曰賒、賒者遲緩之詞也、俗从余作賖非、

借 去

子夜切、音嗟去聲、

假借　借貸

借、假也、假人之物曰借、以物假人亦曰借、又設辭也、與藉通、又同假、

貸 去

他代切、音態、以物假人之謂也、

告貸　貸罰

暫予人而仍歸諸我者曰貸、又惕得切、音慝、暫有之而仍歸諸人者曰貸、

糴 入

亭歷切、音狄、買穀曰糴、

平糴　糴米

平

糴、入米也、又與滌同、

糶 去

他吊切、音眺、賣穀曰糶、

平糶　糶穀

平

說文、出穀也、史記、糶二十病農、九十病末、言米賤則農人病也、

價 去

居訝切、音駕、物值曰價、

物價　價目

價、物之值也、價有合字之意、得其價則買、是價有如字之意、如合其價則賣、是

值 入

除力切、音直、物價也、

價值　值遇

又直吏切、音治、偶遇也、

扣 去

苦候切、音寇、阻留也、

折扣　扣除

扣、通作叩、牽馬也、古者叩馬而諫者、謂阻止之使不得遽行也、故引申為扣留之扣、俗稱價值不足數為折扣、亦本此義、

批 平

匹迷切、音仳、標判也、

硃批　批發

批、手擊也、故引申之、凡書狀之言有不當而判其後、以排擊之者亦曰批、批者標舉以示人也、俗稱開示物價者曰批、亦本此義、

招（平）

之遙切、音昭、以手召人也、相招　招商

凡以口召人者謂之召、以手召人者謂之招、

利（去）

力至切、音詈、順也、名利　利市

利銛也、以刀刈禾、無一不如志、故引申之為便利之利、

贏（平）

怡成切、音盈、利有餘也、輸贏　贏餘

以物易財、而財溢於物之值者曰贏、故引申為輸贏之贏、

賽（去）

先代切、音塞、物相較　報賽　賽會

賽、互相誇勝之謂也、故凡物之勝於他物者、亦謂之賽、

欵（上）

苦緩切、音窾、標識也、婉欵　欵項

欵識、記凡題書飲器之條目、在內曰識、在外曰欵、

貫（去）

古玩切、音灌、通也、一貫　貫串

貫、穿扣而過之謂也、

去 **簿**

裴古切、音部、會計之冊曰簿、

票簿　簿書

簿、籍也、又計簿也、謂計度支之出入者也、又主簿、典史官名、皆主守簿書之職者、

上 **契**

去計切、音栔、要約之書曰契、

田契　契券

契約也、上古結繩而治、後世聖人易之以書契、又欺訖切、音乞、契丹國名、即今遼東地、

上 **夥**

胡果切、音禍、傭工曰夥、

合夥　夥友

夥、多也、凡物盛而多謂之夥、今俗謂合資品股曰合夥、謂其僱傭曰夥友、

去 **票**

卑搖切、音漂、憑券曰票、

借票　票據

票、本作㶾、火飛也、與熛同、今俗作票據之票、

入 **摺**

質涉切、音讋、計數之冊曰摺、

手摺　摺疊

摺疊也、折物而重疊之謂之摺、今俗借作手摺之摺、

上 **儈**

古外切、音膾、會合市人曰儈、

牙儈

儈、牙儈也、謂牽合兩家以成交易者、即今掮客之類是也、

平

斤

舉欣切、音筋、斧也、又十六兩為斤、 斧斤 斤兩

斤、斫木之斧也、又權輕重之器曰斤、六兩為鍰、二鍰四兩為斤、一斤十六兩也、又居欣切、音靳、斤斤、明察也、

上

兩

里養切、音良上聲、一倍也、又十錢為兩、 斤兩 兩匹

兩、匹耦也、倍一為兩、又斤兩也、古以二十四銖為一兩、今以十錢為一兩、十六兩為一斤、英國一磅、合中國十二兩、

平

多

當何切、音朵平聲、不少也、 太多 多少

多、重也、从重夕、重夕為多、重曰為疊、多眾也、如多寡是、多勝也、如戰功曰多是、又荒俗呼父為阿多、

上 去

少

始紹切、音燒上聲、多之對也、又老之對也、 老少 少師

少、不多、从小丿聲、徐曰、丿音夭、夭者初生也、故假為老少之少、又三少、上大夫曰少師少傅少保、佐三公者故稱少、

平

均

規倫切、音鈞平、正曰均、 成均 均平

均平也、周禮以土均之法、均齊天下之政、故訓均為平、从土从勻、會意也、又古者天子設四代之學曰成均、即今國子監之制、

上

單

多寒切、音丹、雙之對也、 雙單 單寒

不偶曰單、算法自一至九為單、單者易盡、故禮歲既單矣、訓盡、又市連切、音蟬、匈奴稱其主曰單于、又上演切、音善、家語、子路為單父宰、

雙 平

所江切、音雙、物之偶者曰雙、單雙　雙闕

雙猶偶也、說文双从又从隹、會意、又訓手也、手持二隹為双、故物之偶者皆曰双也、

半 去

博漫切、音般、去聲、中分曰半、一半

半、即判也、凡物居中判之即為之半、三分之二為大半、三分之一為小半、故無論何數以二分之即得其半也、

零 平

郎丁切、音靈、落也、凋零　零落

雨露下降曰零、有零落之意焉、故凡數之有奇者皆曰零、

隻 入

之石切、音則、物之奇者曰隻、一隻　隻身

隻、猶單也、平持一隹為隻、故物之單者皆曰隻也、

再 去

作代切、音載、過一曰再、再拜　至再

再、過一也、雙者對偶之詞、再者重疊之詞、

一 入

益悉切、音漪、入聲、數之始也、專一　一切

凡數皆始於一、故多至千萬億兆、少至釐毫絲忽、皆以一為界也、

二 上

而至切、音樲、偶一為二、 二心 攜二

地數之始為二、即偶之兩畫而變之也、

三 平

蘇監切、音刪、一二為三、 天三 三星

凡數始於一、終於十、成於三故人三為眾女三為粲也、

四 去

息利切音泗倍二為四、 四時 四方

二二相加為四二二相乘亦為四可見乘為加之捷法也、

五 上

疑古切、音午、數之中也、 五鼓 第五

凡數始於一、成於十、五居其中也故算法無論何數以五分之、可無奇零、

六 入

力竹切、音鹿、倍三為六、 地六 六出

三與三相加為六二與三相乘亦為六也、

七 入

戚悉切音戚數目名、 七夕 天七

凡數一加六為七二加五三加四亦皆七也西人每七日安息一日、即俗名禮拜、華俗人死每七日一上祭至四十九日而止為斷七、

八

入 博拔切、音捌、二四為八、八音 八卦

算法三二連乘即成八、故二與四相乘亦為八、

九

上 舉有切、音久、數目名、九宮 九有

凡數始於一、極於九、算法中有九章、數九九表、又居尤切、音糾、又音鳩、

十

入 是執切、音拾、數之終也、十方 十字

凡數一至九為單位、進一位則為十位、故西國號碼惟自一至九、遇十則補圈於一右以足之、一為東西、丨為南北、此十則四方中具矣、

百

入 博陌切、音伯、十十曰百、百里 百官

凡數始於一、終於十、長於百、算法由十再進一位則為百矣、

千

平 倉先切、音阡、十百曰千、千秋 千倉

今俗記錢數幾千、又曰幾貫、又曰幾吊、

萬

去 無販切、音蔓、十千曰萬、萬年 萬姓

凡數始於一、終於十、長於百、大於千、盈於萬、故萬為盈數、

億 入

於力切、音臆、十萬曰億、億兆 不億

算法億之數有大小二等、小數以十為等、如十萬曰億是也、大數以萬為等、萬萬曰億是也、又訓如供其匱乏使之相安曰供億是、

兆 上

治小切、音肇、灼龜坼文曰兆、吉兆

兆、占象也、故凡事機之先見者皆曰兆、又數名、兆亦有大小二等、以十為等、十億曰兆、以萬為等、萬億為兆、今俗用記數、多以從十為等、

壹 入

益悉切、音一、無貳曰壹 壹是 壹志

壹、專一也、今公牘每假壹以代一、所以防奸偽也、

貳 去

而至切、音樲、心疑不一曰貳、不貳

不專一者謂之貳、故引申之為副二之貳、今俗假作二字用、

參 平

蘇監切、音三、即三也、參差 參商

參與三同、一二相參為叁、故不讀含倉切、參謀參軍等、皆取此義、又所今切、音森、星名、又初簪切、音嵾、參差、不齊也、

肆 去

息利切、音四、放縱也、除列也、陳肆 肆志

肆、陳也、盡其所有而陳之曰肆、故引申之、縱恣盡情謂放肆也

伍　上

疑古切、音五、五人為伍、軍伍　伍員

伍、相參伍也、三相參為參、五相伍為伍、司馬法、以百二十五人為伍、即算法五二連乘之義、今俗借作五字用、

陸　入

力竹切、音六、高平地也、水陸　陸路

平地為陸、統計全球、水居其七、陸居其三、今俗借作六字用、

柒　入

戚悉切、音七、即俗漆字、

今俗借作七字用、

捌　入

博拔切、音八、分也、

捌、擊也、今俗借作八字用、

玖　上

舉友切、音九、石之次於玉者、瓊玖　玖瑤

玖、亞於玉之石者、其音近黝、故又訓黑色、今俗借作九字用、

拾　入

實執切、音十、收也、斂拾　收拾

拾者、有拾取斂藏之意、故射韝曰拾、亦取蔽膚斂衣意也、又極葉切、音笈、更也、如禮投壺、左右挾矢、具請拾投是、今俗借作十字用、

廿 入

入計切、音入、二十也、

廿、二十相合也、古者書二十字、从省合為廿字、

卅 入

蘇沓切、音颯、三十也、

算法三與十相乘、五與六相乘均為卅、

鎊 平

鋪郎切、音榜、鍘也、英權也、金鎊、鎊價

英以十二本士為一先令、二十先令為一鎊、中國向外洋購貨、及所借之洋款、皆以金鎊計、故鎊價伸縮之權、悉操自外人、暗中受虧、每年不下數百萬焉、

噸 去

都困切、音頓、二千二百四十鎊為一噸、

英權以二十八磅為一瓜特、四瓜特為一亨特威、二十亨特威為一噸、字書中無此、

毫 平

胡刀切、音豪、銳毛也、氂毫、毫毛

毫毛之末、毛末則銳、故稱毫末、今數中以十絲為毫、十毫為氂、

氂 平

里之切、音離、福也、又十毫為氂、延氂、氂金

氂、家福也、家居納福曰氂、使人受福亦曰氂、英稱氂為克冷、

忽 入

呼骨切,音笏,驟也,忽略 縹忽

俄頃曰忽,不經心亦曰忽,算法中以十微為忽,

秒 上

亡沼切,音眇,禾芒也,禾秒 秒針

禾芒曰秒,猶木芒曰杪也,時表以六十秒為一分,

錙 平

側持切,音菑,六銖也,錙銖

十黍為絫,十絫為銖,六銖為錙

銖 平

市朱切,音殊,十黍之重曰銖,錙銖 銖兩

十黍為銖,則一銖當重百黍也,又訓鈍,楚人謂刀頓為銖,

鈞 平

居匀切,音均,三十斤也,洪鈞 鈞石

權衡之法,以三十斤為鈞,

段 去

丁亂切,音緞,析物曰段,地段 段匹

椎物使之析曰段,故引申為物之已析者,皆曰段也,如體段地段等是,

片 去

匹先切、音偏去聲、析厚使薄曰片、

瓦片　片段

說文片从半木謂已判之木也、木經判必薄、故凡物析厚使薄者皆曰片、

顆 上

苦果切、音科上聲、粒也、

顆粒　一顆

顆、小頭也、引申凡物一枚之稱、

箇 去

古賀切、音歌去聲、猶枚也、

一箇　幾箇

一枚謂一箇、故今俗言物數有云若干箇者、

層 平

昨稜切、音層、累而上者謂之層、

層次　上層

層、重屋也、故凡物之重疊者皆曰層、

次 去

七四切、音佽、亞於上者謂之次、

次序　層次

次、亞於上之謂也、古文次象茅蓋屋之形、屋中位次高下不一、故凡可止者皆曰次、如師次旅次等是、

般 平

北潘切、音蟠、旋轉也、

萬般　般若

說文般从舟从殳、凡所以旋舟者也、故引申為般旋之般、又布還切、同班、齊等也、故俗稱物之相等者曰一般、

言 平

語軒切、音甗平聲、以詞達意之謂、

言語　話言

言為心之聲也、心有所感、則言發於外、

說 入

王伐切、音越、道達詞意曰說、

論說　說辭

又以詞動人曰說、讀輸芮切、音稅、又讀欲雪切、音閱、同悅、

講 上

古項切、音港、討論也、

論講　講書

講、和解也、凡兩國相爭、彼此講解是非、以和平釋怨罷兵、名曰講和、故引申之為講習之講、

語 去 上

魚許切、音魚上聲、以詞意相述曰語、

話語　語氣

直言曰言、論難曰語、語者、以己述諸人也、

詞 平

詳茲切、音祠、達意也、

言詞　詞章

說文、詞从言从司、意有所司而意不能達者、而以言足之、則謂之詞、如詞意之詞是、

話 去

胡卦切、音畫、出言曰話、

說話　話柄

說文、話从言从舌、會意、言之蓄於喉間者為音、發於舌端者為話、

談 平

徒藍切、音郯、對語也、

暢談　談笑

談、和悅而言也、談必兩人相對、故世以圍棋為手談、

謀 平

迷浮切、音牟、事經商度曰謀、

謀猷　機謀

心所經營曰謀、凡先事而籌亦曰謀、如謀食之謀是、善用其計亦曰謀、如機謀之謀是、

計 去

吉詣切、音繼、會算也、

算計　計策

計、較量物數之謂也、物有成數、故从十、會算者必工心計、故轉為計謀之計、

論 去 平

盧昆切、音崙、評議也、

議論　論說

論、與言有別、因言無成見、議有定評也、又盧困切、音崙字之去聲、義同、

議 去

宜寄切、音義、事之宜也、

朝議　議論

說文、議从言从義、謂事欲合於義、必羣相論議也、故引申為諫議之議、

辨 去

皮莧切、音辯、分明事理曰辨、

辨別　分辨

辨、判也、判必有所分、故引申為辨別之辨、

譬 去

匹智切、音嚭去聲、以彼方此謂之譬、 譬喻

譬喻也、借他事以解喻之也、

評 平

蒲明切、音平平聲、議也、 評論 定評

定人之臧否曰評、定之之言即謂之評、

問 去

亡運切、音聞去聲、詢所不知、 或問

問以此詢彼之謂也、

證 去

諸應切、音蒸去聲、言之能取信於人者、謂之證、 證信 見證

證訓為告、謂言可徵信、則告諸人而人信之也、

宣 平

息緣切、音瑄、布露也、 傳宣 宣布

宣布也、故名天子傳宣政令之所曰宣室、頒詔以諭臣民曰宣詔、

囂 平

虛嬌切、音枵、眾口諠呶也、 塵囂 囂聲

囂讙聲也、說从頁首也、从㗊、㗊眾口也、

訪 去

敷亮切，音妨去聲。諮詢於眾曰訪。
採訪　訪問

訪，諮謀也。言廣問於人，有就正之義焉。

諄 平

朱倫切，音肫。言之出於誠懇者。
諄諄　諄誨

諄者，丁甯告語而反覆不厭者也。重言諄諄者，蓋足其詞以形誠懇也。

召 去

直笑切，音潮去聲。招之使來也。
感召　召對

以手招人曰招，以言招人曰召。

詰 入

喫吉切，音吉。糾詧事物也。
詰問

詰，詧也。謂糾詧其事物以窮治之也。如詰盜、詰奸之詰是。

號 去 平

乎刀切，音豪。大呼也。
呼號　號泣

說文：號，从号从虎，虎嘯也。引申為呼號之號，又名為號令之號，假為名號之號。

喚 去

呼玩切，音煥去聲。呼人也。
呼喚　喚呌

揚聲呼人謂之喚，與呼字引申義同。

呼 平

荒胡切，音虎，發聲也。疾呼　呼喚

呼，外息也，入息為吸，出息為呼。引申為喚人亦曰呼。

唯 上 平

以追切，音惟，專指一事曰唯。唯唯　唯獨

又讀兪以切，音逶，聞命而應之謂也。

喧 平

許元切，音萱，聲雜也。聲喧　喧譁

喧，大聲語也，引申之凡眾聲錯襍擾人意慮者曰喧。

答 入

都合切，音譗，應人之問也。對答　答應

答，報人以言也，引申之為報答之答。

諾 入

收各切，音囊入聲，以言許人曰諾。

諾，應聲也，疾應曰唯，緩應曰諾。禮父命呼唯而不諾，引申之為許諾之諾。

譁 平

呼爪切，音花，諠呼也。喧譁　譁囂

譁，讙呼也。

默 入

蜜北切、音墨、沈靜不言也、

淵默　默寫

犬不吠而逐人為默、故引申之、凡不語皆謂之默、

夸 平

苦瓜切、音誇、矜張也、

矜夸　夸大

夸、矜張自大之貌、自大者必無實行、故謚法以華言無實曰夸、

諷 去

方鳳切、音風去聲、託辭以感人曰諷、

譏諷　諷誦

諷、即誦也、而微與誦異、以聲節文曰誦、託辭感物曰諷。

訥 入

內骨切、音嫩、入聲、言如不能出諸口者曰訥、

訥口　鈍訥

訥、言難也、出言便利曰辯、反辯則為訥。

贊 去

則旰切、音酇、獎勵也、

誇贊

贊、佐助也、佐人成事、如參贊之贊、佐人以言、如贊美之贊、若傳贊之贊、則意有未盡而佐之以詞論斷之也、

諫 去

居晏切、音澗、規過、

幾諫

諫者、征也、正也、謂証其是非而以正道人也、惟下之正上者稱之、

讒 平

讒毀人之言也、

鋤咸切、音饞、言出於離間曰讒、讒夫　讒口

嘲 平

言出於微言婉諷曰譏、出於調笑戲謔曰嘲、

涉交切、音[走+周]、戲言調笑也、解嘲　嘲笑

譏 平

譏微言婉諷之意、如譏諷譏誚之譏是、

居希切、音機、託詞以婉諷也、譏諷　譏誚

謗 去

謗與誣譖異、謗則毀人之實事、誣譖則憑虛無以毀妄之也、

補浪切、音膀去聲、毀人之行曰謗、誹謗　謗毀

笑 去

喜形於貌曰歡、發諸聲曰笑、引申之為鄙人之所為而嘲笑之笑、

仙妙切、音肖、解頤也、嬉笑　笑謔

誚 去

誚與譏微異、託詞婉諷曰譏、直言責讓曰誚、

在笑切、音樵去聲、以事相責讓也、譏誚　誚訕

謳 平

烏侯切，音歐，曼聲而歌曰謳。 歌謳 謳者

謳，齊歌也，吳歌曰歈，楚歌曰艷。

調 去 平

田遼切，音迢，和協也。 音調 調劑

調，隨高下濃淡而變易者也，如聲不協使之協，色味不和使之和，皆曰調，引申之為遷調之調，音調之調，亦皆以和協變易為義，讀徒吊切，音迢去聲。

諺 去

疑戰切，音彥，俗語也。 俗諺 諺云

諺，俚俗之言也。

唱 去

尺亮切，音厰，發歌也。 歌唱 唱書

唱，語發於聲之謂也。

吟 平

魚音切，音崟，語發憂鬱者曰吟。 呻吟 吟詠

吟，聲之發於憂抑者也，如身不適則呻，意不適則吟，引申之為吟詠之吟。

謠 平

餘招切，音遙，無稽之言曰謠。 謠諑 童謠

徒歌謂之謠，謠者，無章曲者也，引申之為無稽之言皆曰謠，如謠言之謠是。

嘯　去

先吊切、音熽䖘口以出聲也、長嘯　嘯詞

嘯、䖘口揚聲之謂也、如孫登之長嘯是、

咨　平

即夷切、音咨事相諮詢、曰咨、咨文　移咨

咨詢謀於人也、如咨訪之咨是、假借為歎辭、如咨嗟之咨是

叱　入

尺粟切、音嗚、疾聲以訶人也、呼叱　叱咤

叱、太呵也、如叱咤之叱是、引申之為呼叱之叱、則謂以疾言訶人也、

囀　去

株戀切、音轉去聲、聲之出於婉轉者、鳥囀　囀鳴

說文囀从口从轉會意、謂其聲宛轉而和也、

唾　上

吐卧切、音唾、口液也、津唾　唾液

唾、口中之津液也、引申之為唾面自乾、謂以口液唾人面也、

噫　平

於其切、音醫、歎聲、

噫、氣鬱而不舒之謂也、故飲食息謂之噫、引申之為嗟歎之聲

哭 入

空谷切、音縠、哀之發於聲者、
哭泣　啼哭

哭與泣異、細聲有涕曰泣、大聲曰哭、

呪 去

職救切、音甃、怨詈也、
賭呪　呪語

呪、怨罵也、引申之為罰呪之呪、謂誓於神前以自明也、

吁 平

匈於切、音訏、吹氣之聲、曰吁、
吁嗟　長吁

凡人意不適則呻、氣不舒則吁、故駭歎之聲曰吁、引申為吁嗟之吁、

啼 平

田黎切、音題、聲之近於號泣者、
啼哭　鳥啼

嘑、長號也、故鳥鳴謂之啼、人哭亦謂之啼、

罵 去

莫駕切、音禡、惡言以加人也、
罵人　呪罵

罵、迫也、以惡聲逼迫人也、

訝 去

五駕切、音砑、駭諤之辭、
驚訝　訝賓

訝、亦作迓、周禮訝士掌訝、因古者以迎賓為訝賓也、今則皆以為驚駭之辭、

勸 去

區願切，音券，婉言以正人曰勸。規勸 勸戒

勸，規戒也，引申之使人相勸亦曰勸。

許 上

虛呂切，音虛上聲，應人之求曰許。應許 許允

說文：許从言从午，午，忤也，謂其言之無所違忤也，故引申為許可之許，又假為何許之許。

辭 平

似茲切，音詞，分爭辨訟也。措辭 辭讓

辭，理辜也，理辜者必平情以決其辭，因假為言辭之辭，又假為辭謝之辭。

請 上

七靜切，音清上聲，以言求人曰請。求請 請問

請有乞求之意，如請業之請是。引申之為請客之請。

允 上

余準切，音尹，誠信也。應允 允評

允，信也，如允恭之允是，又應人之求曰慨允，言所許必可信也。

謝 去

辭夜切，音榭，表感激之情也。花謝 謝恩

謝，感辭也，故受人之物則曰謝，辭而不受亦曰謝，又以辭去為義者，如更代曰謝是也。

佞 去

乃定切、音甯口才也、奸佞　佞人

佞才也故自稱不才曰不佞引申之凡有口才者曰佞又申之凡巧諂人意而不顧是非者亦曰佞

誘 上

以九切音酉設法以引人也、誘掖　引誘

誘引進也如誘掖之誘引人以道也、誑誘之誘引人以非禮也、

誑 去

古況切、音逛飾辭以欺人也、誑騙　欺誑

說文誑从言从狂謂以狂妄之言、悚人聽聞也、故引申之凡本無其事而飾辭以欺人者皆謂之誑、

諛 去 平

雲俱切、音俞訶順意旨也、面諛　諛辭

諛以語言阿順人之旨意也故莊子以不擇是非而言曰諛讀俞戍切、音俞去聲、

訣 入

古穴切、音玦臨別贈言也、永訣　訣別

訣與辭微異暫離曰辭長辭曰訣故世與將死者辭謂永訣又秘受之辭如丹訣訣竅之訣是

述 入

食律切、音術因往事而終明之也、稱述　述作

述循也謂遵循作者之意也故纂人之言曰述如稱述之述是

含 平

胡男切、音涵、以口銜物也、

包含　含璧

置物口中曰含、有容物之象、故引申為含容之含、

咽 平

因肩切、音燕、喉也、

要咽　咽喉

咽喉、為氣管食管之所隘而彌要、故險要亦謂之咽喉、引申之謂納物於喉亦曰咽、亦作嚥、讀伊甸切、音晏、

嘗 平

辰羊切、音常、辨味也、

烝嘗　嘗試

嘗、食也、謂時物而試辨其味也、故引申為嘗試之嘗是、

吞 平

他棍切、音啗、咽物也、

并吞　吞吐

包并無饜曰吞、故攘人之土地曰并吞、奪人之土地曰侵吞、

吐 上

他魯切、音土、哇也、

嘔吐　吐棄

吐、瀉也、揚豫謂瀉為吐、故引申為物在口而棄之曰吐、吐必自口而出、故又為吐辭之吐、

吃 入

居乙切、音吃、喫物也、

口吃　吃飯

不利於言者曰口吃、謂欲言而訥訥如不出口者也、

去 **欬**

苦溉切、音慨、氣上湧也、

謦欬　欬吐

平 **嘔**

烏侯切音歐、口吐物也、

欬嘔　嘔逆

去 **噬**

時制切、音誓、嚙物也、

反噬　噬人

因寒致疾曰欬疾、故俗謂嗽為欬、嘔、和悅之貌、與歐同、又氣噎而吐曰嘔吐、吐不下食曰嘔逆、噬以口嚙物也、引申為反噬之噬、謂以言傷人猶以口傷物也、易有噬嗑卦、

去 **嗽**

所救切、音瘦、以水盥口也、

咳嗽

入 **渴**

苦葛切、音磕、唾涸欲飲也、

饑渴　渴想

入 **啄**

竹角切、音涿、禽鳥食物曰啄、

飲啄　啄木

因風致疾亦曰嗽、言風入肺而氣上湧如嗽口也、喝、竭也、涸也、俗謂慕人曰喝想、謂如渴之待飲也、禽鳥嘴利食物如琢然、故曰啄、

疾 入

乍悉切、音嫉、病急曰疾、

問疾 疾病

疾、病也、百急也、病來急、故从矢、矢、急疾也、引申為疾變之疾、假借為疾惡之疾、

瘧 入

逆約切、音虐、寒熱往來也、

癉瘧 瘧疾

瘧者、陰陽更勝之疾也、蓋內蘊濕熱、風寒之氣、又客干衛、故發則先寒而後熱、鼓頤咯咯不休、或一日作、或間日作、是謂瘧疾、又有癉瘧、與瘧稍異、乃夏伏秋作、止熱不寒也、

疫 入

越逼切、音役、病之易于傳染者、

瘟疫 疫癘

說文、疫从疒从殳、訓役、言其傳染甚速、若有役使者然也、蓋民受五氣以生、若風雨晦明不時、觸之則民皆疾、即為疫也、

病 去

皮命切、音寎、疾危曰病、

毛病 病情

病、疾甚也、釋名、病、並也、並與正氣在膚體中也、又憂患曰疾、苦恨亦曰疾、

痢 去

力至切、音利、屢矢而不暢謂之痢、

瘧痢 痢疾

脾不健運則痢、故人積滯不化、則數矢而不暢也、

瘴 去

之亮切、音障、山中之癘氣也、

山瘴 瘴氣

瘴、癘也、叢林多濕之地、日光所不能入、則地中之濕氣、與朽爛之生植物、蒸鬱成瘴、其臭香者謂之香瘴、觸之即斃、今閩粵間多有之、

上 **腫**

主勇切、音種、肉暴脹也、

臃腫　腫脹

肉暴突起曰腫、蓋人之氣血晝夜流行、若潮汐之循行不息、若一有瘀鬱、則攻皮而出矣、故外癥必先腫也、

去 **療**

力吊切、音料、治病也、

療治也、周禮凡療瘍以五毒攻之、蓋謂用五毒以療治之也、引申為療飢之療、亦取治義、

上 **隕**

羽敏切、音殞、落也、

隕涕　隕星

自上而墜下謂之隕、如隕星之隕是、又設如隕越之隕、是與殞通、

去 **痛**

他貢切、音㝐、疼也、

酸痛　痛苦

身與心所苦曰痛、說文痛从疒从甬、甬通也、蓋今氣血有疾則不通、不通則痛也、痛則為病之甚者、故引申為痛哭之痛、

平 **痊**

逡緣切、音詮、病愈曰痊、

已痊　痊可

痊、瘞也、从疒从全、謂病已全除也、

去 **恙**

弋亮切、音漾、微疾也、

無恙　恙毒

恙、噬人蟲也、古者穴居野處、多被其毒、故相問慰曰無恙、引申之為今患病之稱、

上

眇

弭沼切、音藐、一目曰眇、又小也、

杳眇

眇、偏盲也、或曰目眶急陷曰眇、又眇目、細視也、又杳眇、遠視也、幼眇、精微也、

眇

禿

入

他谷切、音通入聲、無髮曰禿、

髮禿　禿子

禿、無髮也、从人、上象禾粟之形、言人髮不纖長、若禾稼也、或曰倉頡出見禿人伏禾中、因以制字、又凡物落盡、皆曰禿、

禿

上

瞽

公五切、音古、目無精曰瞽、

龍了瞽　瞽目

瞽、無目也、釋名、瞽、鼓也、瞑瞑然、目平合如鼓皮也、瞽者耳必聰、故以瞽為樂官、又瞽瞍、舜父名、

瞽

盲 平

眉庚切、音蝱、目無眸子曰盲、故字从亡从目、

晦盲　盲風

盲茫也、目茫茫無所見也、晦盲猶晦冥也、盲風即疾風也、又謨逢切、音蒙、義同、

跛 上

補火切、音播、一足曰跛、

偏跛　跛倚

跛足偏廢也、行不正曰跛、立偏任亦曰跛、又兵媚切、音賁、義同、

癲 平

多年切、音顛、痴呆曰癲、

瘋癲　癲狂

癲狂病也、喜笑不常、顛倒錯亂曰癲、方書云多喜為癲、多怒為狂、

癱 平

他丹切、音灘、殘廢之人也、

風癱　癱瘓

癱風癱也、筋脈拘急麻痺不仁曰癱、言人手足不為用也、俗云殘疾、方書名為痿痺、

瘖 平

於今切、音陰、口啞曰瘖、

瘖啞　聾瘖

瘖口不能言也、唵然無聲曰瘖、又於禁切、音蔭、痛劇也、

聾 平

盧東切、音龍、無聞曰聾、

瘖聾　聾瞽

聾耳無所聞也、耳不聽五聲之和曰聾、釋名聾者籠也、耳不聞聲、如在蒙籠之內、不可察也、

死 上

想姊切音斯上聲。生之對也。
生死 死亡

死者精氣散也。人之生氣之聚也。聚則為生。散則為死。周禮少曰死。老曰終。

喪 平 去

四浪切音桑去聲。人死曰喪。
死喪 喪敗

喪亡也。如死喪之喪是。喪失也。如喪敗之喪是。又蘇郎切音桑。持服曰喪。又喪器也。今謂之柩。

尸 上

申之切音蓍。死人曰尸。
尸身

尸屍身也。象卧之形。又神象也。古者祭祀皆有尸以依神。今之神象即遺意也。

棺 平

沽歡切音官。藏屍曰棺。
桐棺 棺木

棺完也。所以藏屍令完全也。周尸為棺。周棺為槨。棺槨之制自黃帝始。

槨 入

光鑊切音郭。棺外為槨。或作椁
棺槨 石槨

槨外棺也。棺周於衣。槨周於棺。故从木从郭。有寬廓之意也。

訃 去

芳遇切音赴。告凶也。
發訃 訃音

訃與赴通。趨也。疾也。疾趨以告凶也。今喪家所用告凶之帖。即名訃聞。

殯 去

必刃切音儐停柩曰殯今俗謂厝柩曰出殯
出殯　殯殮

殯賓也柩將遷葬賓遇之也禮夏后氏殯於東階之上則猶在阼也殷人殯于兩楹之間則與賓主夾之也周人殯於西階之上則猶賓之也

殮 去

力驗切音斂斂屍曰殮
小殮　殮綿

殮者斂也以衣衾藏斂死人也經史並作斂禮小斂於户内大斂於阼

弔 去

多嘯切音釣弔死曰弔
弔喪　慶弔

弔問終也从人持弓會意上古葬者衣之以薪無有棺槨常苦禽獸為害故弔者持弓會之以助彈射也

唁 去

疑戰切音彥弔生曰唁
弔唁　唁慰

唁慰問也人有故而慰問之曰唁如詩云歸唁衛侯是也今以弔死而問及其生者曰唁

奠 去

堂鍊切音電祭奠也
祭奠　奠安

奠定也謂安定之也故奠亦訓置說文奠从酋从丌奠酒也下其丌也故置酒而祭曰奠

墳 上平

父吻切音憤大冢曰墳
三墳　墳墓

墳墓也葬曰不封曰墓已封曰墳又土之高者曰墳又伏羲神農黃帝之書謂之三墳

葬 上

則浪切、音髒、埋棺曰葬

安葬　葬死

葬者藏也、或作塟、藏死者於土中也、說文从死在茻中、古無棺槨、衣之以薪之義也、

埋 平

謨皆切、音霾、掩去屍曰埋、

掩埋　埋葬

埋、葬也、人死曰葬、物死曰埋、又葬不如禮曰埋、埋者、痗也、趣使痗腐而已、

墓

莫故切、音暮、葬而不封曰墓、

墳墓　墓碑

墓者、慕也、冢塋之地、孝子所思慕之處也、凡葬無墳謂之墓、有墳謂之塋、又平曰墓、封曰冢、高曰墳、

屍 平

升脂切、音施、死尸也、

尸屍　屍身

屍、死人也、从尸死會意、在牀曰屍、在棺曰柩、按古文屍尸通用、惟祭祀之尸、不可借用屍字、

縊 入

壹計切、音翳、懸繩曰縊、

自縊　縊鬼

縊、自經也、又阸也、自阸其頸曰縊、

溺 入

乃歷切、音惄、淹死曰溺、

沉溺　溺水

溺、沒也、物沉於水曰溺、人死於水亦曰溺、又凡人情沉湎不反亦曰溺、又奴弔切、音溺、屎同、小便也、

崩 平

北朋切，音繃，山壞。

山崩　崩裂

山頹謂之崩，故天子死曰崩，言如山之崩頹也。

殤 平

尸羊切，音商，夭折也。

幼殤　殤亡

殤，傷也，謂可哀傷也，故人二十以內死者皆曰殤。

冥 平

眉兵切，音銘，明藏之謂也。

幽冥　冥中

冥，幽深也，人死謂之入冥，因引申之，凡事理之不明者亦曰冥。

薨 平

呼肱切，音儚，諸侯死之稱。

君薨　薨薨

薨，即崩也。又詩薨薨兮，與虫飛薨薨之薨，蓋取衆多之義也。

柩 去

巨救切，音舊，有屍之棺也。

靈柩　柩房

尸已在棺曰柩，柩，久也，所以久藏其屍也。

徇 去

松閏切，音殉，示行也。

徇節　徇難

徇，示衆遵行也，古者軍士有罪斬以徇，所以使人順從也，因引申之，凡順從于人而以身隨之者謂之徇，又假為徇難之徇。

沐 入

莫卜切、音木、洗頭曰沐、

盥沐 沐雨

沐、濯髮也、又潤澤之意也、沐髮以去頭垢、如草木之得雨潤也、故字从木、又溟沐、細密之雨也、

沐

浴 入

余濁切、音欲、洗身曰浴、

沐浴 浴德

浴洗身也、去身垢曰浴、

浴

澡 上

子皓切、音早、浴身曰澡、

洗澡 澡身

澡洗也有修潔之意、禮儒者澡身而浴德、

洗 上

蘇典切、音銑、濯足曰洗、

姑洗 洗濯

洗、洒足也凡浣濯皆曰洗、又承水之器亦曰洗、又姑洗、律名、洗馬、官名、

濯 入

直角切，音濁，洗濯也，浣衣曰濯。又直教切，音棹，義同。

洗濯　濯纓

濯，澣也，有光潔之意，物經澣則光潔，故凡洗滌者皆謂之濯。又濯濯，山無草木之貌。

浣 去 上

胡玩切，音換，洗衣曰浣。又合管切，音緩，與澣同。

洗浣　浣溪

浣，濯衣垢也，本作澣，或省作浣。詩：薄澣我衣。又俗以上旬中旬下旬為上澣中澣下澣，沿唐制十日一休沐之義也。

汲 入

訖立切，音急，引水也。

提汲　汲水

汲，引水於井也，易井卦可用汲是也。又汲汲，不休息貌。

負 去

扶缶切，音婦，荷物曰負。

勝負

負，背也，以物置肩背曰負。又欺負也，背恩忘德曰負。又負者，勝之對也，勝負猶言勝敗也。

擔 平 去

都濫切，音膽，去聲，挑物曰擔。又平聲，所負也。

挑擔　擔荷

擔，任也，肩任曰擔，力任亦曰擔。又在背曰負，在肩曰擔。

汲

去

坐

徂臥切、音座、行之對也、又釋氏以跏趺曰大坐、

請坐　坐罪

坐、安其位也、古作㘴、从土、从留省、丈土、所止也、又古人謂跪為坐、如禮云坐而遷之是也、又罪人對理曰坐、質定人之罪曰坐罪、

坐

去

臥

五箇切、音餓、隱几曰臥、今以為眠睡之通稱、

坐臥　臥室

臥、床也、从人臣、取其伏也、又化也、精氣變化、不與覺時同也、又寢室曰臥內、

臥

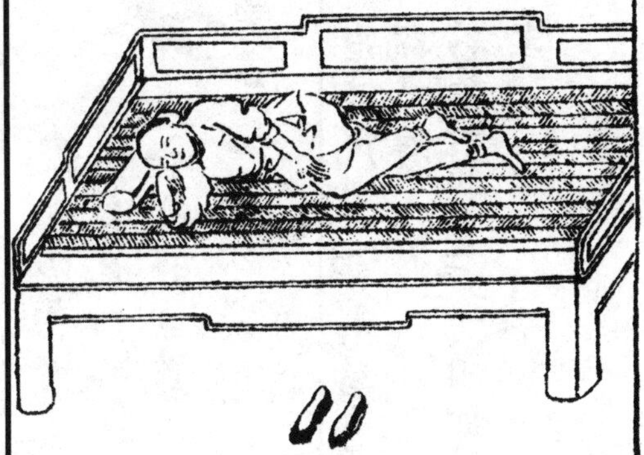

平

伸

升人切、音身、不屈曰伸、

屈伸　伸直

伸、舒也、體倦則伸、謂舒布其身也、又屈者使直謂之伸、

去

睡

樹僞切、音瑞、坐寐曰睡、

午睡　睡室

睡寐也、人倦則思睡、所以休息也、

去

夢

蒙弄切、音濛去聲、覺之對也、寐中所見曰夢、

雲夢　夢昧

夢不明也、寐中所見事形、皆昏昧不明、故謂之夢、又雲夢地名、楚有七澤、一曰雲夢、方九百里、

去

寐

密二切、音媚、閉目神藏曰寐、

寤寐　假寐

寐昧也、不明之意也、合目曰眠、眠而無知曰寐、

上

起

口屺切、音杞、興作也、又發動也、

立起　起發

起能立也、又舉也、平舉體也、如孟子鷄鳴而起、禮云請業則起之類是也、又起居、猶舉事動作也、又起發、猶開發心志也、

上

倚

隱綺切、音輢、因也、

側倚　倚靠

倚偏着也、凡有所依傍者謂之倚、故倚訓為因、而因亦訓依、依倚互相釋義也、

去

健

渠建切、音乾、去聲、有力曰健、

强健　健體

健、强壯也、自强不息謂之健、又天道也、易天行健、

去

瘦

所救切、音叟、不肥曰瘦、

肥瘦　瘦肉

瘦、臞也、少肉曰臞、老者之形容也、故字从叟、

去　平

胖

普半切、音判、半體肉也、蒲綰切、音槃、大也、

肥胖　胖體

胖、片也、祈肉意也、牲之半體曰胖、故字从半肉、又大也、俗呼體肥者曰胖、又安舒也、如大學心廣體胖是、

平

疲

蒲糜切、音皮、困倦曰疲、

筋疲　疲倦

疲、勞力也、勞力則精神困倦、如病者之怯弱也、故字从疒从皮、通作罷、

去

倦

逵眷切、音權、去聲、疲懶曰倦、

困倦　倦怠

倦、體勞思睡也、又不敬也、倨傲不遜則謂之倦、怠於行事亦謂之倦、

入

弱

而勺切、音若、不强曰弱、

弱小

説文、弱从二弓从彡、會意、羽之初生爲弱、因其細而且脆、故瘦小爲弱、

去

視

時吏切、音嗜、注目曰視、又上聲、義同、

明視　視聽

上

視、看也、書五事、二曰視、釋名視是也、明察是非曰視、故視亦訓明、

去

聽

平

他廷切、音侹、耳聞曰聽、

聞聽　聽聲

聽聆也、以耳聆聲曰聽、釋名聽靜也、靜然後所聞審也、又從也、如詩云惟爾言是聽是也、又他經切、音廳、與廳同、漢晉皆作聽、六朝以來始加广作廳、

去

看

平

苦寒切、音刋、目視曰看、又去聲、義同、

試看　看管

看視也、从手下目會意、以手翳目而望也、

立

入

力入切、音力、凝佇曰立、

跕立　立談

立、林也、如林木森然、各駐其所也、故禮云立必正方、體操學先以正立為法、梃身直立、然後開步、

列

入

力櫱切、音裂、序行曰列、

成列　列宿

列、行次也、進退有序曰列、故軍伍以布陳為成列、體操之演習、法由一人率之、五人齊足而行、無少參差、如軍列也、

提

上 平

田黎切，音題，懸而持之之謂也。

提拔　菩提

提，以手舉物也，如提壺之提是。又擲也，如國策夏無葯囊提荊軻是。讀都禮切，音底。又銀謂朱提，周朱提山出善銀，故名。讀市之切，音時。

攜

平

戶圭切，音畦，平而持之曰攜。

提攜　攜手

手與手相引曰攜，如詩攜手同行是也。引申之為攜貳之攜，訓為離。

握

入

烏角切，音渥，捲手也。

握手　把握

以手持物曰握，在外為持，在內為握。

把

上

補瓦切，音巴，上聲，一手所握曰把。

拱把　把持

一手所握亦謂一把，所以量物之大小，如孟子所言拱把之桐梓是也。

攘

上 平

汝羊切，音穰，物自來而取之曰攘。

攘奪　竊攘

攘，推手使前也。今人將臂亦云曰攘臂，即取推手之義。又假為攘奪之攘，又申而為擾攘之攘，讀如兩切，音壤。

掠 入

力灼切、音略、奪人財物謂之掠、 劫掠 掠取

說文、掠奪取也、又書法長撇古謂之掠、又力仗切、音亮、亦奪取也、又笞人膚體亦謂之掠、

擁 上

于隴切、音壅、又雍上聲、抱也、 後擁 擁抱

圍抱曰擁、抱所以護持之也、故申為擁護之擁、

取 上

七庾切、音娶、又七上聲、與之對也、

說文取从又从耳會意、周禮獲者取左耳、謂以俘之者取之也、故引申之、凡有所獲皆曰取、

持 平

直之切、音治、執也、 操持 持躬

在握曰持、執而不釋亦謂之持、如把持之持是、堅執不攘亦謂之持、如支持之持是、

裒 上

蒲皓切、音袍上聲、兩手所圍也、 懷抱 抱子

裒懷也、置物于懷必環手以護之、故申為合抱之抱、

與 上 平

弋諸切、音予、連類而及之曰與、 取與 與問

與本訓為黨與之與、論語惟我與爾、則有及義、與汝弗如、則有許義、與粟九百、則係取之對也、又讀羊茹切、音豫、如與聞之與、又讀雲俱切、音余、如論語求之與之與、疑問詞也、

揣

上

初委切、音崔上去聲、度也、

臆揣　揣摩

說文、揣从手从耑會意、蓋以手求其耑也、引申之凡稱量忖度皆曰揣、

按

烏旰切、音案、重撫也、

撫按　按劍

按、重撫謂之按、力在手也、如按捺之按是、又驗也、隨事而察據理而斷、皆曰按、如音之巡按、今之按察、皆取按驗義也、

揑

入

魚列切、音孽、重極也、

按揑　揑造

以指擠物曰揑、故揑泥以象人形謂之揑、相揑則形隨而變、故無稽之言曰揑造、

摹

入　平

莫胡切、音模、有所規倣曰摹、

描摹　摹倣

摹、規模也、規之模之、即謂之摹、又通作模、末各切、音莫、以手捫索也、

摩

平

莫婆切、音磨、研也、

按摩　摩頂

摩、物相切而磨也、有形之摩、如摩肩之摩是、無形之摩、如揣摩之摩是、物摩必損、故又能為摩滅之摩、

夾

入

古狎切、音甲、左右相持曰夾、

持夾　夾道

說文、夾、持也、从大挾二人會意、言物大非一手所能勝任、必須左右持之也、故物之在兩旁者、皆謂之夾、如夾輔之夾是、

攀 平

普班切、音盼平聲、自下援上也、

高攀　攀躋

攀、引也、故凡自下援引而上者、皆曰攀、今人乃以仰折花枝為攀、

掃 上

蘇老切、音嫂、除穢也、

灑掃　掃帚

同埽

埽、棄也、說文从土从帚會意、謂以帚除塵土也、引申之為埽除之埽、

抽 平

丑鳩切、音瘳、拔也、

抽絲

抽、引其端而出之也、又西人有抽空氣之機器、為抽出器內空氣之用、

摘 入

竹厄切、音謫、采也、

指摘　摘花

摘、摭果樹之實也、古謂之采、今謂之摘、故引申為指摘之摘、

拂 入

敷勿切、音紼、拭也、

蠅拂　拂塵

拂、擊也、謂擊之使颺去塵埃也、如古人所持蠅拂是、假借以吁拂為義、如拂性之拂是、又以匡弼為義、如拂士之拂是、

掣 入

尺制切、音瘛、去聲、曳也、尺列切、音滯、入聲、取也、

籤掣　掣肘

掣者、滯隔不進之謂、如易云其牛掣是也、凡事之拘牽者曰掣肘、本朝部選人員、有籤掣分發之例、所以昭慎重也、

拓 入

之石切、音隻、拾取也、同摭

恢拓　拓碑

拓、又訓推、手承物謂之拓、手推物、亦謂之拓、拓地千里之拓、即取推廣之義、又拓跋、後魏之姓、拾取曰拓、如今人摹塌碑面之字、謂之拓碑是、

玩 去

五煥切、音翫、撫弄也、

古玩　玩弄

玩、弄也、因以玩所弄之物也、又訓習、與翫通、

探 平

他含切、音貪、窺刺也、取也、

偵探　探花

取物曰探、如探囊之探是、取物之情亦曰探、如探索之探是、

拔 入

蒲八切、音辦入聲、抽而取之謂之拔、

提拔　拔貢

拔、抽出也、如俗謂去草曰拔草之拔是、

弄 去

盧貢切、音籠去聲、

嬉弄　弄璋

玩物曰弄、如詩之弄璋、宜僚弄丸是、引申之、謂侮人曰弄、如漢書東方朔傳、公卿在位朔皆敖弄是、

覓 入

莫狄切、音銘入聲、求也、

尋覓　覓索

覓本作覛、俗作覔、衺視也、轉為尋覓之覓、

展 上

知輦切、音邅上聲、舒也、

開展　展闢

展轉也、通輾單言之曰展、絫言之曰展轉、言其屈伸不定不舒而求舒之意也、引申為舒展之展、

揮 平

吁韋切、音輝、動也、

揮汗　揮灑

奮而振動之曰揮、故號令謂之指揮、解釋謂之發揮、

披 平

攀糜切、音鈹、開展也、

紛披　披襟

披有開之之意、如披襟之披是、又有分散之意、如披麻之披是、

揚 平

移章切、音楊、顯也、

顯揚　揚名

揚飛也、如簸揚之揚是、又舉也、如偁揚之揚是、又鉞也、如詩干戈戚揚之揚是、又盾之美者亦曰揚、如詩清揚之揚是、

推 平

通回切、音退平聲、自後進之使前曰推、

相推　推車

推自後進之也、如推轂之推、進之使前也、推重之推、進之使上也、引申推諉之推、亦取推而遠之之意也、

排 平

蒲皆切、音牌、推也、

安排　排列

排擠也、引申為安排之排、又推也、如排難之排是、

去
拜

布怪切、擺去聲、兩手下拱曰拜、西人七日以禮耶穌曰禮拜、

禮拜 拜手

古者九拜、一稽首、謂下首至地稽留乃起、二頓首、謂下手、置首於地即起、三空首、謂下首手不至地、四振動、謂恐悚迫蹙而下手、五吉拜、謂雍容而下手、六凶拜、謂稽顙而后拜、七奇拜、謂禮簡不再拜、八褒拜、褒讀為報、謂答拜也、九肅拜、謂直身肅容而微下手、如今婦人拜也、

上
叩

邱候切、音寇、俯首至地曰叩、又擊也、又發動也

百叩 叩祝

去
跪

苦委切、音垝、長跽也、又蟠足曰跪、

拜跪 跪祝

跪、危也、兩膝隱地、體危俛也、朱子謂兩膝着地、以尻着膝而稍安者為坐、伸腰及股而勢危者為跪、

入
揖

一入切、音挹、手著胸曰揖、

拜揖 揖讓

揖拱手上下左右之以相禮也、引手曰揖、下手曰拜、引手著胸曰揖、下手至地曰拜、

奔

平

逋昆切、本平聲、急趨曰奔、

滛奔　奔避

奔、走也、堂上謂之行、堂下謂之步、門外謂之趨、中庭謂之走、大路謂之奔、一曰趨事恐後曰奔、又嫁娶而禮不備曰滛奔、

走

上

子口切、音奏上聲、行步曰走、

行走　走避

走、行也、古作⿱夭止、从夭从止、夭則足屈、故从夭、安步徐行曰走、又則候切、音⿰足奏、疾趨曰走、又走、僕也、史記太史公牛馬走、

仰

上

語兩切、音茚、舉首曰仰、

俯仰　仰仗

仰、舉首望也、上其首曰仰、仰視遠望也、又心慕曰仰、企求人曰仰仗、又以尊命卑曰仰、如公文自上行下、皆用仰字、

跌

入

杜結切、音耋、蹶也、又仆也、

仆跌　跌倒

跌、足失據也、故从足从失、失足而仆曰跌、

俯

去

匪父切、音府、下視曰俯、

頫俯　俯首

俯、俛也、下其首曰俯、俯首下視也、按俯仰之俯本作頫、或作俛、今皆作俯、而頫音兆、俛音免、不復音俯矣、

靠

去

口到切、音犒、相倚曰靠、又憑几而卧亦曰靠、

倚靠　靠傍

靠、相違也、从非告聲、今俗謂依傍曰倚靠、如以船傍岸曰靠船是也、

環地福分類字課圖説 捌

人　平

而鄰切、音仁、萬物之靈謂之人、

聖人　人我

古文人字、象臂脛之形、天地之間、最為貴者人也、

吾　平

訛胡切、音梧、指己之詞、

伊吾　吾徒

吾與余同、為自稱之詞、而與余微別、因余謙而吾倨也、

朕　去

直稔切、音酖、天子自稱之詞、

琴朕　朕躬

朕我也、古者無貴賤皆稱朕、秦政始定為天子之稱、後世因之、

我　上

丘可切、音俄上聲、指己之詞、

爾我　我邦

自身曰我、自稱之詞也、

余　平

雲居切、音予、自稱之詞、

惟余

余、語之舒也、蓋自稱發語之詞、

自　上

直二切、音字、己也、

何自　自立

自、象鼻也、古文象形、假借為自己之自、又為何自之自、

你（上）

乃里切、音泥上聲、對人之稱也、

你我

你對人而稱之之詞也、

伊（平）

公夷切、音蛜、伊者發語詞、又彼也、

伊人　伊以

伊猶彼也、又水名、發源於河南府盧氏縣熊耳山、至偃師縣入洛、

彼（上）

補委切、音碑上聲、此之對也、

如彼　彼哉

彼者外之之詞、俗語謂那箇那樣、皆彼之確詁也、

汝（上）

忍與切、音茹、對人之稱也、

爾汝　汝等

汝亦對人而稱之詞也、古作女、又水名、發源於河南府嵩縣伏牛山、至安徽潁州府南入淮、

某（上）

莫後切、音謀上聲、泛指人物之詞、

某某　某人

某古梅字、說文某从口含一、會意、酸果也、今皆用梅字、假為諱人之名曰某、如某人之某是、

他（平）

湯河切、音拖、泛指對己者之稱、

隨他　他人

他與彼微異、惟彼為指定詞、他則但用為對我之稱、而不必實指其人其物也、

操

平

倉到切、音草、平聲、把持曰操、練習亦曰操、

體操　操修

操、執守也、執而勿失曰操、習而不輟亦曰操、如兵勇之操演、學堂之體操是、又七到切、音糙、琴操也、

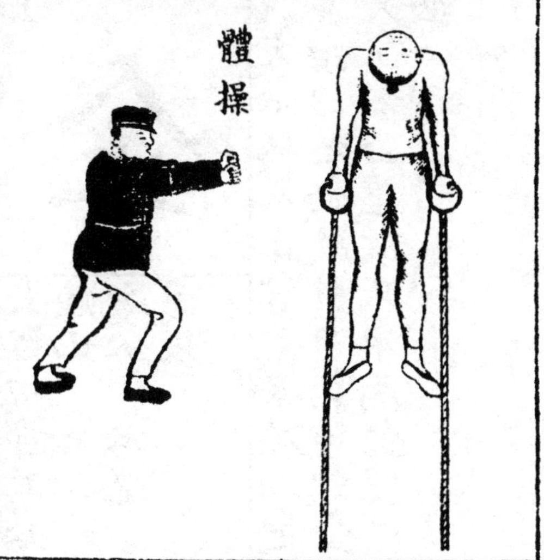

練

去

郎甸切、音鍊、爛也、又熟習曰練、

操練　練習

練、煮繅而熟之也、煮使委爛曰練、假借為練習之練、言學者時習之、如煮繅之委爛也、又揣摩曰練、閱歷曰練、

立

入

力入切、音力、凝佇也、

坐立　立行

說文、从大一、會意、大人也、一地也、言人在地上也、引申為樹立自立之立、可暫而不可久、故又申為立待立決之立、

站

去

直亮切、音帳、久立曰站、

站班　驛站

站、躡跟也、謂以足跟輕躡之也、故刑法有站籠、亦名立籠、操練法、以佇立不動為站、或三人或五人、均排成一字形、

企 去

去智切、音器、舉踵也、

跂企　企望

同跂

說文、企从人止、會意、舉足而起其踵謂之企、故引申爲踵謂企、又企者、必望、故又申爲企望之企、

企

並 去

蒲迥切、音併、耦立也、

比並　並驅

說文、竝从二立、會意、平立也、引申之凡平列者、皆謂並、如並耕並立並坐之並是、又並爲並以之並、亦因語氣與其文平列、

蹈 去

徒到切、音導、足著地也、

舞蹈　蹈發

蹈踐也、引申之爲蹈白刃、蹈水火之蹈是、

踐 去

才線切、音賤、以足著地曰踐、

足踐　踐形

踐者、循其跡而履之之謂也、如論語踐跡之踐是、引申之凡能副其實者皆曰踐、如踐形踐言之踐是、

踰 平

容朱切、音俞、越過也、

踰垣　踰制

踰與逾同義也、越而過也、引申爲越禮之稱、如踰分踰制之踰是、

蹋 入

達合切、音沓、踐也、

踐蹋　蹋鞠

同踏

蹋、足履地也、引申之凡足所履者皆曰踏、如踏車踏鞠之踏是、

跳 平

徒聊切、音迢、躍也、

奔跳　跳梁

跳、顛蹶也、假借為趒、雀行也、从躍似雀行、故以躍為訓、故又假為逃避之逃、

涉 入

時攝切、音倿、水行也、

交涉　涉水

涉、徒步而渡水也、涉必入足于水、故引申為干涉交涉之涉、

去

到

都道切音倒已至其處也

慎到　到家

到至也擬至其處曰之實至其處曰到

上

遣

驅演切音繾縱而去之也

差遣　遣戍

遣釋而縱之也如遣發之遣是委而用之亦曰遣如差遣之遣是

上

起

墟里切音杞興也

樂起　起居

起由坐而立由臥而興之謂盖由靜入動之機起則為動為始故引申為事之始曰起點起首

上　去

仗

直亮切音長上聲藉勢也仗勢

依仗

仗古作杖謂如杖之可倚也引申之為仗勢之仗又申為儀仗之仗讀呈兩切音長去聲義同

兵仗

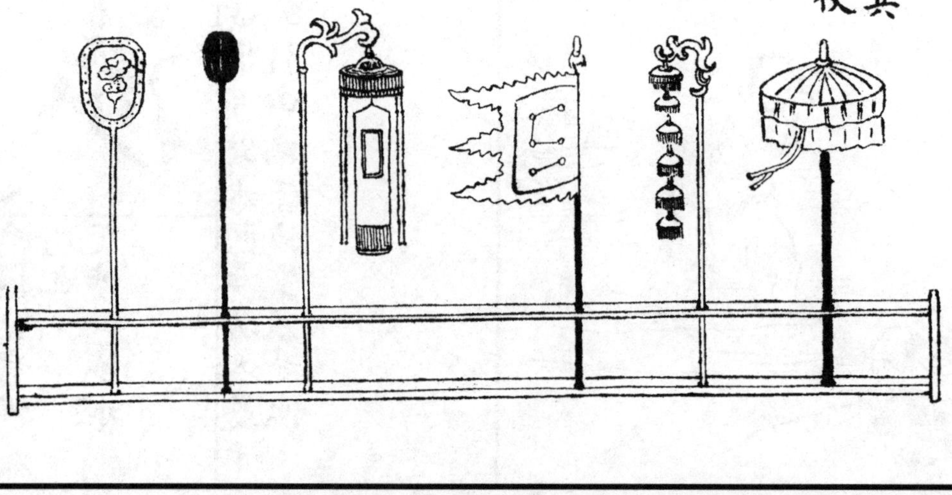

遇 去

牛具切、音寓、相遭也、

相遇　遇合

遇、逢也、引申之凡所遇之境、皆曰遇、如境遇際遇之遇是、

超 平

癡肖切、音怊、一躍而過曰超、

高超　超等

超、躍也、躍必出前、故科舉之前列者、曰超等、

進 去

郎刃切、音晉、自外而入也、

先進　進賢

進、前行也、如進階之進是、使人得進、亦曰進、如進賢之進是、

路遇

退 去

吐內切、音推去聲、反進曰退、

先退　退步

退、往後行也、引申之凡使不得進者曰退、如斥退之退是、不急于求進者、亦曰退、如謙退之退是、

出 入

赤律切、音春入聲、由內而至于外也、

進出　出門

出、進也、古文象艸木發達之形、草木之生、由下而達于上、故由內而達于外者、皆曰出、引申之使之出者、即曰出、所出者亦曰出、又讀蚩瑞切、音推字之去聲、如論語出納之吝之出是義、

入

入

人執切音如入入聲由外而至于內也、

出入　入孝

入進也、引申之兵破其國而弗取其地者、曰入、如左傳入鄖入衛等是、

上

往

羽枉切音汪上聲由此至彼也

來往　往者

身之所向者曰往、心之所向者亦曰往、如鄉往之往是、因其為來之對、故轉為往昔之往、

去

來

平

落哀切音賴平聲物自外至曰來、

往來　來年

同徠

來、年麥也、來年自天所來之瑞麥、周所受也、故轉為來往之來是、通作徠、讀落代切、音賚、

去

復

入

房六切音伏還也、

往復　復至

復返也、去而復返有再至之義、故引申之因仍前事者皆曰復、讀浮富切、音浮字之去聲、又卦名、

上

返

甫遠切音反復還也、

往返　返璧

返、歸還也、還之于人亦曰返、如受飧返璧之返是、

去

去

邱據切音墟去聲、離之也、

歸去　去弊

去、人相違也、如相去之去是、假借為祛、祛、除也、如去弊之去是、讀口舉切、音墟字之上聲、

匪　上

甫尼切、音非、上聲、敢於為禍亂者曰匪、

亂匪　匪人

竹器、方曰匪、說文、匪、非也、聚眾為非曰匪、如物之聚於筐篚中也、又數文切、音分、匪分也、又同騑、馬行不止貌、

盜　去

杜到切、音導、說文、私利物也、

盜賊　寇盜

盜、逃也、言其晝伏夜行逃避人也、古以陰私自利者謂之盜、今以搶劫殺人者謂之盜、

酋　平

慈秋切、音遒、魁帥之名、又賊首也、

酋長　大酋

酋雄也、古時羌胡中人、名豪帥為酋長、今賊中之頭目亦曰酋、皆取其雄長一方之意、又酒熟曰酋、酒官之長曰大酋、

搶　入

七兩切、音鏘、上聲、劫奪財物曰搶、

搶劫　掉搶

上

搶突也、爭取也、今律法有白晝搶奪、又楚耕切、音鎗、攙搶、彗星也、又音鏘、去聲、吳楚人謂帆上風曰搶、今舟人曰掉搶、

劫　入

設葉切、音极、兵劫、盜劫、火劫、皆謂之劫、

劫賊　強劫

劫強取也、奪人之財曰劫、以勢脅人亦曰劫、通作刧、又作刦、

奪 入

徒活切，音敚，爭取也，又恃强而取也。

爭奪　奪取

奪，强取也，如劫奪、爭奪之類是。又斟酌事理曰裁奪，操縱事權曰予奪，剝削百姓曰漁奪。

竊 入

千結切，音切，私取也，又盜取也。

偷竊　竊取

竊，盜也。盜自中出曰竊，往盜亦曰竊。又取也，如史記鼠竊狗盜是。又竊竊猶察察也。

賊 入

疾則切，音蠈，害人曰賊。

蟊賊　賊首

古以殺人為賊，今以竊物為賊。又害苗之蟲曰蟊賊。

偷 平

他侯切，音透平聲，不應取而取之謂之偷。

小偷　偷安

說文：苟且也。凡苟且之行皆謂之偷，如偷安、偷生之類是也。假借為小賊，偷竊之偷，故偷亦訓盜。又薄也，如論語則民不偷是。

奸 平

居寒切，音干，行多私僞者曰奸，又凶惡者亦曰奸。

隱奸　奸詐

說文：奸，犯也。从干犯女子，會意。凡犯非禮者，皆謂之奸，如奸臣、奸民之類是也。

狎　入

轄甲切、音匣、交久敬衰曰狎、

戲狎　狎習

狎、習也、近也、謂附而近之、習其所行也、習則無忌、故相戲狎、則不孫、故相狎侮、皆交久敬衰之故也、

忤

五故切、音誤、

違忤　忤逆

説文、忤、逆也、本作啎、从午吾聲、近今作忤、又通作迕、事不合理曰違忤、意不相投曰牴啎、大逆不道曰忤逆、

仇　平

渠尤切、音求、怨耦曰仇、

怨仇　仇敵

仇、匹也、相匹者謂之仇、又敵也、相敵者亦謂之仇、故仇亦訓讎、

侮　上

罔甫切、音武、慢人曰侮、

戲侮　侮慢

侮、慢易也、又賤者之稱、秦晉之間罵奴婢曰侮、

妒　上

都故切、音覩、相忌曰妒、

嫉妒　妒愚

説文、婦嫉夫也、以色曰妒、以行曰忌、引申之凡人之娼嫉者皆曰妒、

讎　平

除留切、音酬、挾嫌負怨之謂讎、

恩讎　讎

讎、對也、相對者謂之讎、引申為較讎之讎、亦兩相對之義、

去

鬭

丁候切、音兜去聲、械鬭也、

爭鬭　鬭毆

鬭交爭也、以兵仗相接者謂之鬭、以言語相競者謂之爭、

上

毆

烏后切、音嘔、重擊曰毆、俗作毆非、

鬭毆　毆傷

毆、以杖擊物也、引申為鬭毆之毆、

平

爭

側莖切、音箏、物相競曰爭、

相爭　爭競

說文、爭引也、从受从厂、象二手曳一物、爭之道也、

上

訴

蘇故切、音素、歷言其事曰訴、

告訴　訴冤

訴、告也、說文或作𧦝、亦作愬、又訟也、告訴冤枉也、

宄
上

古委切，音軌，非法不道為宄，姦宄

說文姦也，內起為姦，外起為宄，漢書作姦軌。

刁
平

丁聊切，音貂，言動詭秘者謂之刁，奸刁　刁猾

古無刁字，刀與刁本一字而二音，後人作刁以別之耳，古者軍有刁斗，晝炊夜擊，一物而二用，人之刁猾者似之。

狡
上

古卯切，音絞，黠智曰狡，奸狡　狡兔

狡兔有三窟，人莫測其所在，凡人之多智者似之，故假借為狡猾之狡。

猾
入

戶八切，音滑，多詐而獪曰猾，狡猾　猾吏

猾，獸名，無骨，入虎口，虎不能噬，處虎腹中，反齧虎，人之狡猾者似之。

邪
平

徐嗟切，音斜，反正為邪，己邪　邪僻

邪，不正也，凡人之不由正道者，謂之邪僻，又余遮切，音耶，琅邪，邑名，又語助辭。

僻
入

匹亦切，音批入聲，荒陋怪誕為僻，偏僻　僻陋

僻，偏僻也，又匹智切，音譬，僻倪，城上女牆也。

賤（去）

在線切，音羨。不貴之謂也。

微賤　賤貨

賤價少也。

謬（去）

眉救切，音繆。

荒謬　謬誤

凡事無心之謬曰誤，有心之誤曰謬。

咎（上）

巨九切，音舅。與善相違者曰咎。

休咎　過咎

說文咎从卜从名會意。各者相違也。故於義為謗。如無咎無譽之咎。引申為過咎之咎。又為灾咎之咎。

劣（入）

龍輟切，音埒，反優曰劣。

行劣　劣迹

說文劣从力从少會意，弱也。引申為鄙惡之稱。

妄（去）

巫放切，音望。不知而作曰妄。

謬妄　妄人

凡不規於理而出之皆曰妄，故無識之人曰妄人，無稽之言曰妄言。

愆（平）

苦堅切，音騫。過失也。

不愆　愆尤

愆心有所失也。引申為愆期之愆，又申為愆儀之愆。

追 平

中葵切、音靈、趨隨人後之謂

相追 追隨

追、逐也、而與逐微異、逐者、追之使不得留、追者、則志在趨而及之也、

逐 入

直六切、音軸、追使遠去曰逐、

追逐 逐層

逐者、迫之使不得留也、逐有歷進之義、故引申為逐層逐步之逐、

遭 平

作曹切、音糟、遇合也、

相遭 遭逢

遭、遇也、引申之為所遇之境即曰遭、如遭逢是、

逢 平

符容切、音蓬、不期而遇也、

遭逢 逢迎

逢、偶遇也、約期而遇曰會、偶然相遭曰逢、引申為逢迎之逢、又申為遭逢之逢、

隨 平

旬為切、音隋、從也、

追隨 隨從

隨、順行也、引申之凡事之從而不違者、皆曰隨、如追隨詭隨之隨是、

侍 去

時吏切、音嗜、卑在于尊長之側曰侍、

隨侍 侍衛

侍、近也、古之侍中、今之侍衛、皆以近于天子而言、若侍坐侍立之侍、則亦概稱諸卑者、近于尊長者之側也、

邀 平

伊消切、音腰、招之使來也、

相邀　邀客

邀、遮也、遮之使不得去也、不欲其去者、必欲其來、故引申為相招之義、

造 去

七到切、音慥、相就也、

有造　造化

造、就也、如詩云、小子有造、謂其有所成就也、引申之相就亦曰造、如造門造府之造是、又讀非早切、音早、創也、創製萬物者為天、故天曰造物、

逝 去

時制切、音誓、一去不返也、

長逝　逝者

逝、往而不返之謂也、故引申為長逝逝水之逝、

遵 平

祖倫切、音嶟、循行也、

依遵　遵命

遵、循其道而行、引申之凡循其道而不改者、皆謂之遵、如遵令遵教之類是也、

違 平

羽非切、音幃、相背也、

從違　違背

違、背也、背則不復相從、故凡不相從者皆曰背、

詣 去

五計切、音羿、進見也、

造詣　詣府

詣、進也、進則以我就人、故曰造詣、引申之所詣之境、即曰詣、如深詣之詣是、

去 恃

恃有所憑藉之謂也、

丞矢切、音市、賴也、

自恃　恃寵

平 憎

憎心有所惡之謂也、

咨登切、音增、反愛曰憎、

愛憎　憎惡

上 恥

說文恥从耳从心會意人心慚則耳熱故過而自慚謂之恥也

丑里切、音褫、字之上聲、自愧也、

羞恥　恥心

去 慣

慣習與性成之謂也、古與貫通、

古患切、音丱、習也、

習慣　慣技

平 猜

猜恨也、恨則不信、故引申為猜疑之猜、

倉才切、音偲、兩不相得之謂也、

無猜　猜度

去 平 為

為母猴也、假借為凡有動作皆曰為、又讀于僞切、音隋、作因字訓、如孟子為其殺是童子而征之、是作助字訓、如論語夫子為衛君乎、是作被字訓、如漢書趙王武達為其將所殺是、

于嬀切、音隋、任事也、

作為　為善

送

去

蘇弄切，音遜。拜別曰送，饋物亦曰送。

迎送　送行

送，遣也，使者歸，則必拜送于門外，曰送，又贈行曰送，人有事而將之以物亦曰送。

迎

去　平

語京切，音併。迓客曰迎。

親迎　迎賓

迎，迓也，客至而迓之曰迎，方言自關以西曰迎，自關而東曰逆，逆與迎本一聲之轉也。

接

入

即涉切，音楫。兩相接手曰接。

迎接　接受

接，交也，足交謂之交，手交謂之接，又長短相續謂之接，前後相繼謂之接，賓主相迎亦謂之接。

留

平

力求切，音流。止而勿去曰留。

疑留　留行

留，止也，將去而止之曰留，又留疑不決也，留難事將成而阻止之也。

掘 入

渠勿切、音倔、起土也、

挖掘 掘井

掘穿土也、如譬若掘井之掘是、假借為崛、如蜉蝣掘閱之掘是、又借為崛、如崛起亦曰掘起是、

蹇 上

九件切、音謇、字之上聲、行不利也、

驕蹇 蹇直

蹇膝伸不屈之謂也、蹇則膝不屈而不利于行、故引申為蹇難蹇直之蹇、又申為驕蹇之蹇、

差 平

初加切、音杈、有過也、音傞、紊亂也、音釵、授人以事也、

凡事不及其等、凡物不得其當、皆曰差、

激 入

訖逆切、音擊、疾波也、

感激 激勵

激波疾急也、激者急動、故言辭過直曰激切、引申之為感激之激、

決 入

古穴切、音玦、水潰也、又斷也、

河決 決斷

決有直行無礙之意、故導水使流曰決、水決汝漢之決是、水不循道而橫溢亦曰決、如河決龍門之決是、引申之為決斷之決、

澣 上

合管切、音緩、滌垢也、

上澣　澣滌

同浣

澣滌衣之垢也、以手曰漱、足曰澣、故引申凡洗滌皆謂之澣、唐制、十日一沐浴、故稱上旬中旬下旬為上澣中澣下澣、又省作浣、

澣

斟 平

諸深切、音針、酌酒也、

進斟　斟酌

斟勺也、勺本通酌、故俗以酌酒為斟、賓主歡洽為酬酢、故俗稱商取其義為斟酌

斟

澆 平

堅堯切、音驍、以水沃物也、

澆花　澆薄

澆沃也、假借為磽、磽薄也、如澆薄之澆是、

澆

去
性
息正切，音姓。生而然者曰性。
天性　性情

天命之謂性。孟子道性善，荀卿言性惡，揚子言性有善有惡。韓昌黎然之，因作原性一篇，謂性有上中下三等，實與夫子性相近，及上知下愚不移之旨相合也。

平
衷
陟隆切，音中。裏衣也。
衷懷　折衷

衷，褻衣也。假借為中，如天誘其衷之衷是。

平
欣
許斤切，音訢。喜悅貌。
歡欣　欣慰
同訢

平
情
慈盈切，音晴。人欲也。
性情　情欲

情者，性之動也。根于中為性，發于外為情。如喜怒哀懼愛惡欲，名七情是也。

平
懷
乎乖切，音槐。思念也。
情懷　懷抱

懷，心有所念思也。思蘊于內，故假為懷抱之懷。

去
羨
似面切，音選。心所願欲謂之羨。
欣羨　羨慕

羨，欲也，貪也。貪者必欲其有餘，故假為羨餘之羨。

去

慰

于胃切、音尉、安之以愜其情謂之慰、

欣慰　慰勞

慰安之以快其心也、

去

願

虞怨切、音愿、愜心也、

如願　願意

願大頭也、假借為發語辭、如願言思伯之願是、又假為羨、如書敬修可願之願、蓋以羨慕為義也、

入

悅

欲雪切、音閱、喜也、

歡悅　悅樂

悅喜極而見于面也、古與説通、

去

慕

莫故切、音慕、戀戀不忘曰慕、

思慕　慕道

愛而習翫之曰慕、愛則生羨、故引申之為羨慕之慕、

去

幸

下耿切、音倖、轉憂為喜也、

僥幸　幸免

幸、得出于非分也、故凡佳遇皆謂之幸、引申之謂不當得而得、與不可免而免、皆謂之幸、又申為天子所至、與所親愛亦曰幸、

入

愜

乞協切、音篋、如願也、

妥愜　愜意

愜、快心滿意之謂也、

憂 平

於尤切音優愁也

宅憂 憂愁

愁之蓄于心者為憂憂為心疾故引申之病亦謂之憂、

悲 平

逋眉切音卑哀痛也

傷悲 悲悼

悲、有聲無淚之謂也引申為慈悲之悲

怨 去

紆願切音苑德之反也

多怨 怨憤

怨、仇人也、如怨恨之怨是、

傷 平

尸羊切音商創也

慘傷 傷悲

創之淺者謂之傷傷有毀敗之意故引申為毀傷之傷又申為悲傷之傷、

悼 去

杜到切音導傷心也

悲悼 悼懷

悼、懼也、引申之心所傷者曰悼心所憐者亦曰悼

恨 去

下艮切音根怨也

憤恨 恨事

恨、怨之甚也、自恨亦曰怨故引申為悔恨之恨、

愁 平

鋤尤切音愁憂也、

憂愁　愁思

愁憂鬱于心而不釋也、

悶 去

莫困切音懣懣也、

鬱悶　悶懷

悶鬱而不舒也、

感 上

古禫切音甘上聲因動其心曰感、

觀感　感化

感、動人心也、故引申為感化之感、又申為感恩之感、

哀 平

于開切音唉悲也、

悲哀　哀思

哀者樂之反也、

惻 入

察邑切音測、心有所傷也、

怛惻　惻隱

惻、見有可憫、而隱傷于心也、

慨 去

口溉切音欬、感不絕于心也、

感慨　慨然

忼慨、壯士不得志也、不得志、則感歎生、故引申為感慨之慨、

恐 上

丘勇切、音悤、怖也、

驚恐　恐怖

懼 去

衢遇切、音具、恐也、

恐懼　懼怕

恐、驚惶也、而與懼微異、因恐虛懼、恐也、懼在恐後、恐在懼先、而懼實也、

羞 平

思留切、音修、進獻之物也、

膳羞　羞辱

羞、恥也、又致滋味亦為羞、引申之、凡有滋味者皆曰羞、如珍羞之羞是、又假為羞辱之羞、

驚 平

居驚切、音京、駭也、

震驚　驚惶

悚 上

息勇切、音聳、恐懼也、

驚悚　悚惶

驚、駭也、引申之、凡有所駭皆曰驚、驚而心動謂之悚、通作悚、驚

辱 入

儒欲切、音蓐、榮之反也、

羞辱　辱貺

受侮于人曰辱、又用作謙辭、如辱臨辱貺之辱是、

去

憤

文吻切、音墳字之去聲、懣也、

發憤　憤恨

憤積也、怒積而不可歇也、怒人曰憤、自怒亦曰憤如發憤之憤是、

去

慍

紆問切、音蘊含怒意、

解慍　慍怒

慍之為言蘊也、謂蘊怒而未發也、

去

慢

莫綰切、音縵放肆也、

怠慢　慢忽

慢之言漫言其散漫無紀律也、故自放曰慢侮人亦曰慢、

去

忿

撫問切音紛恚也、

懥忿　忿怒

忿、怒蓄于心也、

去

怒

怒故切音奴字之去聲、恚甚而形于色也、

發怒　怒忿

怒、憤之發于外者也、

入

怠

蕩亥切音待、懈也、

懈怠　怠惰

怠、先時不備之謂也、故引申為怠惰之怠、

嗜

去

時利切，音視。心所欲者曰嗜。

深嗜　嗜學

嗜，从口，心所欲之飲食也，故引申之為嗜好之嗜是。

知

平

珍而切，音智平聲。識也。

相知　知識

知者，識也。心徹曰知。外界諸象，屢印其象于腦海，則他日再遇，自能按因定果，是為知。又讀知意切，與智同。

解

上

舉蟹切，音皆上聲。判也。

說文，解从刀，判牛角，言衆理解也。物解則散，故引申為解散之解。

欲

入

余玉切，音浴。心所貪者曰欲。

嗜欲　欲念

凡物欲人欲，皆謂之欲，俗作慾。為其貪而不已也，引申為願欲之欲，又申為方欲之欲是。

覺

去

入

訖岳切，音角。寤也，知也。

知覺　覺路

自寐而悟曰覺。覺者，醒動也，故引申為覺悟之覺。又假為高大之稱，如詩有覺其楹之覺是。又讀居效切，音教，同義。

識

去

入

賞職切，音式。知也。

知識　識見

識者，知也，有分別是非之義。事經分別，必標誌而後不混，故引申為表識之識。

審 上

式荏切，音嬸，詳悉也。

會審　審詧

審，詳辨也。凡事之能詳其源，辨其理者，皆謂之審。鞫獄亦謂之審，所以辨兩造之曲直也。

憶 去

伊昔切，音抑，思念也。

記憶　憶念

憶，心有所思而不得見也。如久別之人，已往之事，拳拳不釋者皆是也。

料 去 平

連條切，音聊，量也。

材料　料理

說文，料从米从斗，言米在斗中，料量之也。引申之為料理之料，更申為料度之料。又物質亦曰料。如材料之料是，讀力吊切，音瞭。

察 入

初戛切，音刹，詳審也。

考察　察核

審及纖微曰察，如廉察考察之察是。引申之為苛察之察。

悟 去

五故切，音誤，覺也。

悔悟　悟性

悟，迷之對也。不迷謂之覺，有覺謂之悟。

擬 上

偶起切，音疑上聲，揣度也。

比擬　擬議

有所準以揣度之曰擬，故引申為比擬之擬。

疑

平

凝其切、音宜、不信也、

多疑　疑惑

疑、信之反也、不信曰疑、不自信亦曰疑、

歉

入

苦簟切、音嗛、不足也、

抱歉　歉仄

年穀不登曰歉、故引申之、凡不足者皆曰歉、今俗稱抱歉、歉甚、皆取不足于心之義也、

懍

上

力懍切、音廩、敬畏貌、

懍懍

懍、敬也、而有戒懼之意、

惑

入

戶國切、音或、疑也、

疑惑　惑衆

不了了謂之惑、終身不了了謂之大惑、

私

平

相咨切、音司、背公為私、

公私　私心

私、禾也、假借為公私之私、轉注謂親其所愛者亦曰私、

惕

入

他歷切、音剔、心有所怵也、

怵惕

惕、敬也、懼也、

戒 去

居拜切、音介、警也、

警戒　戒嚴

說文、戒从廾从戈、備戒不虞也、故軍事有戒嚴、祭事有齋戒、均先時戒備之意、

蘊 去 上

委粉切、音緼、深藏也、

底蘊　蘊蓄

叢聚謂之蘊、古文作蘊、今專用為蘊蓄之蘊、引申為蘊藉之蘊、

虔 平

渠焉切、音乾、壹而不移曰虔、

矯虔　虔劉

虔从虍、虎行貌、假借為掔、擎固也、固而讓謂之敬、如詩虔共爾位之虔是、

念 去

奴玷切、音諗、久思謂之念、

記念　念舊

念、黏也、謂黏于心而不能釋然者、

耐 去

乃代切、音奈、忍也、

忍耐　耐煩

古文作耏、後沿作耐、耐者鬚也、假借為忍耐之耐、

懇 上

口很切、音墾、誠也、

誠懇　懇求

懇、懇至也、有情文兼至之意、今俗以求人為懇、

惰 去

杜果切，音垜，懈也。

惰慢　敖惰

臨事不振曰惰，引申之為偷惰，游惰之惰。

戀 去

龍眷切，音孌，係慕也。

戀戀　係戀

戀，迹去而心留也。

怯 入

乞業切，音㾀反，勇曰怯。

怯懦　膽怯

怯，多畏也。多畏則不強，故引申為怯弱之怯。

懈 去

居隘切，音⿱竹解，筋節鬆散曰懈。

懈惰　少懈

懈，怠惰也。

忘 去 平

無方切，音亡，事不復憶曰忘。

忘懷　遺忘

說文，忘，从亡从心，會意。心亡則事不復記，故曰忘。又志不在亦曰忘，如遺忘之忘，是讀無放切，音妄。

憚 去

杜宴切，音但，畏難也。

憚煩　嚴憚

憚，心有所忌之謂也。

憐 平

靈年切，音蓮。矜惜也。

哀憐　憐憫

相哀謂之憐，相愛亦謂之憐。

惜 入

思積切，音昔。憐恤也。

憐惜　惜物

惜，痛之愛之之謂也。憐惜之惜，以之痛人也，吝惜之惜，以之愛物也。

恤 入

雪律切，音戌。相憂也。

哀恤　恤孤

恤，憂也。如詩云，出則銜恤之恤，自憂也。周禮，以卹禮哀寇亂，憂人之憂也。

矜 平

渠巾切，音㨷。矛戟之柄曰矜。

哀矜　矜式

矛戟之柄謂之矜，如史記，鉏耰棘矜之矜是。假借為矜憐、矜式之矜。又讀居陵切，音兢，如自矜、矜誇之矜是。蓋取不矜人而妄自尊大之意也。

擾 上

爾紹切，音繞。致亂也。

煩擾　擾亂

致亂謂之擾，如書，俶擾天紀之擾是。安亂亦曰擾，如周禮司徒擾邦國之擾是。

煩 平

符袁切，音樊。躁也。

心煩　煩擾

煩，身熱頭痛也。身熱則心煩，故引申為煩燥、煩簡之煩是。

竭　入

渠列切，音傑。無餘也。

竭力　川竭

竭，盡也。

盡　去

慈忍切，音今字之去聲。無餘也。

盡性　力盡

盡，器中空也。空則無餘，故引申為盡力之盡。又申為盡其所有之盡。

贍　去

時豔切，音苫字之去聲。饒富也。

贍足　典贍

贍，足也。

顯　上

呼典切，音憲。彰明也。易見也。

顯達　微顯

顯，从㬎从頁會意。言首飾之光明也。引申為顯明之顯。又申為顯達之顯。

隱　上

倚謹切，音㥯。不顯也。

隱約　深隱

隱，蔽也。蔽則不可見，故僻人僻世者曰隱士。引申為隱約之隱。又申隱痛之隱。

敞　上

昌兩切，音廠。高平之地也。

敞亮　宏敞

敞，平治臺可以遠望也。故引申為軒敞之敞。又申為寬敞之敞。

得 入

多則切、音德獲也、

患得　得失

得取也、取則為我有、故為得失之得、引申為宜如相得之得是、又申為能如不得之得是、

失 入

式質切、音室、棄也、

得失　失禮

說文、从手乙聲、謂物在手而奪去也、引申為物無意置之曰失、如遺失之失是、遺棄則不能無過、故又申為過失之失、

停 平

特丁切、音廷、止于其所之謂也、

居停　停止

停本作亭、亭為行旅宿食之處、也、宿食必少住、故亭亦有少住義、後世加人旁作停、

獘 去

毗祭切、音敝、顛仆也、同弊、

舞獘　獘端

獘或作斃、傾覆也、如左傳與犬、犬獘之獘是、傾覆則不振、故引申為弊政弊竇之弊、今通作弊、

輟 入

陟劣切、音啜、中止也、

作輟　輟業

輟、車小缺復合也、故引申為暫止之意、如作輟之輟是、

礙 去

牛代切、音磑、有所阻隔謂之礙、

窒礙　礙事

礙、止也、止之使不能進也、故引申之、凡事理有所隔閡者皆曰礙、

了　上

朗鳥切，音聊，字之上聲，事畢也。

已了　了然

說文：了，从子無臂，手攣也。假借為了然之了，曉解也。又為了結之了，終事也。

畢　入

壁吉切，音必，終也。

事畢　畢戰

說文：畢，从田从華，象形，田網也。如詩畢之羅之是。假借為如畢至之畢，作盡字訓。又為畢業之畢，作竟字訓。

狀　去

助亮切，音[氵状]，貌其形之謂也。

情狀　狀元

狀，犬形也。引申之為凡形物之偁，如形狀、狀貌之狀是。若功狀、罪狀之狀，蓋以言語形其狀也。

完　平

胡官切，音桓，全也。

已完　完人

完，物無虧缺之謂也。引申之，謂有損缺而修整之曰完，如父母使舜完廩是。今俗以事畢為完事，蓋亦取始終完全意也。

訖　入

居乙切，音鳦，畢也。

收訖　同迄　訖帳

訖，事畢也。凡事以自始至終為畢，故引申為由彼至此亦曰訖。又作迄，讀許乙切，音訖，至也，如詩以迄于今是。

肖　去

私妙切，音笑，似也。

畢肖　肖子

肖，骨肉相似也，故子似其父曰肖子。引申之，凡相似者皆謂之肖。不似者即為不肖，如孟子丹朱之不肖是。

欠（去）

去劍切音謙字之去聲、負人錢也、

負欠　欠債

欠、張口運氣也、如欠伸之欠是、欠則氣不足、故引申謂資財不繼而負人者亦曰欠、

乏（入）

扶法切音伐、資用欠缺曰乏、

窮乏　乏善

反正為乏、正有受矢義、故乏之為避矢義也、假借為窘字義、如乏絕之乏、引申為無字義、如乏善之乏是、

卻（入）

乞約切音羌字之入聲、退讓也、

推卻　卻之　同却

卻者退讓之意、

窘（上）

巨隕切音君字之上聲、為境遇所迫曰窘、

枯窘　窘景

窘有困阨窮乏之意、故引申凡為人所困辱者亦曰窘、

冒（去）

莫報切音耄、託名也、

感冒　冒昧

冒、蒙昧也、又託名也、託其名以妄作、如招搖撞騙等類是、引申之為冒昧冒犯之冒、蓋取蒙昧之義、

賸（去）

以證切音孕、物加送也、

餘賸

賸、以物與人、而加送他物也、又實証切音乘、物較多而有餘也、俗作剩非、

催 平

倉回切、音崔、促人成事之謂、

領催　催租

催、本作摧、逼迫也、堪也、如詩室人交徧摧我之摧是、引申之凡立候其事者皆曰催、

寄 去

吉器切、音記、事有所依託曰寄、

託寄　寄寓

寄、依託也、如寄寓寄人籬下之寄是、引申之以事託人亦謂之寄、如論語可以寄百里之命之寄、又申為寄書郵之寄、亦取託字義也、

俟 去

牀史切、音寺、守候也、

久俟　俟命

俟、大也、假借為竢、竢者待也、故經傳竢命竢罪之竢皆作俟、

付 去

方遇切、音傅、以物與人之謂也、

收付　付訖

付、給與也、

卸 去

司夜切、音寫字之去聲、委而去之之謂、

交卸　卸事

卸、舍車解馬也、引申之凡為解脫者皆曰卸、如卸罪卸責之卸是、

試 去

式至切、音詩字之去聲、用也、

考試　試驗

試、用也、用人以覘其才也、如書明試以功之試是、國朝取士、鄉會試之試、亦取此義、

平 **需**

相俞切、音須、須也、
必需　需次

需、待用、俗用急需、需要、需之需、皆取待用之義、又卦名、

去 **用**

余頌切、音容、字之去聲、施行曰用、
器用　用人

操縱之權在我者曰用、如用人之用是、引申之、備其所用之物亦曰用、如器用之用是、若用能是用是之用、則作以字訓也、

入 **蓄**

湫六切、音矗、積儲也、
含蓄　蓄謀

蓄、積聚也、謂藏積以備不虞也、引申為含蓄之蓄、如蓄謀蓄意

上 **裹**

古火切、音果、包于四周之謂、
裝裹　裹足

裹、包物也、如詩乃裹餱糧之裹是、引申為花蕚之含苞者亦曰裹、

去 **賃**

女禁切、音任、以財貫物也、
召賃　賃物

說文、賃从任从貝、傭也、謂我出財貝而使人任事也、引申之凡以財貫物、皆謂之賃、如賃屋賃物之賃是、

去 **賴**

落蓋切、音癩、可恃也、
依賴　賴藉

賴、利也、有利則可恃、故引申為賴藉依賴之賴、人之不可恃者曰無賴、

存 平

徂尊切、音蹲、沒之對也、
生存 存心

存、恤問也、存在双聲同義、故存之之存、作在字解、

暇 去

胡駕切、音夏、無事之日也、
閒暇 暇日

暇、閒日也、引申之、凡閒亦曰暇、如自暇之暇是、若請假之假、實暇字之假借、

娛 平

牛俱切、音虞、賞心也、
歡娛 娛老

娛、賞心悅目之謂也、

逍 平

相邀切、音宵、自在也、
逍遙

逍、游行自在之謂也、

增 平

咨登切、音曾、益也、
加增 增高

說文、增、从土、以土相積也、積則加高、故凡累加者皆曰增、

益 入

伊昔切、音嬰字之入聲、增也、
利益 益友

益、加多也、引申之、凡有加于我者皆曰益、如利益之益是、又卦名、

始

上

首止切、音⿱艹始、初也、

原始　始終

始、女之初也、引申之凡物之初皆曰始、如人有始祖、物有始基是、

終

平

職戎切、音螽、盡也、

始終　終古

終、俅絲也、絲有綿長之意、故轉訓為永、如終古之終、絲有斷絕之時、故又訓為盡、如終事之終是、

仿

上

妃兩切、音方字之上聲、比擬也、

描仿　仿造

仿、相似也、引申為仿效之仿、仿效、則求其相似、似則非真、故又申為仿佛之仿、

肄

去

以智切、音易、習也、

我肄　肄習

肄、專心務業、心專則勞、故引申為勞瘁之義、如詩莫知我肄是、

效

去

胡教切、音校、驗也、

功効　効力

同效

效、專心取法也、如仿効之効是、精心赴事亦曰効、如報効之効是、確有功驗者亦曰効、如効驗之効是、効效做字通用

措

去

倉故切、音醋、求物以應用曰措、

舉措　措資

措、弃置也、如論語舉直措諸枉之措是、引申為安置亦曰措、如則民無所措手足、假借措辦之措、

蹤 平

即容切、音從、足迹也、同踪、

遊蹤　蹤迹

說文、蹤从足从從、會意、從也、謂人行而其形從也、故追慕古人者曰追蹤、遊客所至曰遊蹤、

迹 入

資昔切、音積、足痕、

形迹　迹象

足履地則有迹、引申之凡事已往而有形迹可稽者、皆曰迹、

事 去

鉏吏切、音侍、所為之總名、

國事　事業

事、人日日所營之職業也、引申之事其所事、亦曰事、如事父事君之事是、

務 去

亡遇切、音霧、事其事之謂也、

事務　務本

務、事其事之謂、如公務要務之務是、以事託人、亦曰務、如務必務要之務是也、

擅 去

時戰切、音繕、把持也、

專擅　擅權

擅、專也、引申之其不應專而專者、亦曰擅、如擅權之權是、

改 上

古亥切、音輆、更變也、

更改　改過

改、更張也、引申之為人有過、而決然能改者、亦曰改、

肇 去

治小切，音趙。始也。

肇基

肇，始事也。

初 平

楚居切，音楚字之平聲。

太初　初次

說文：初，从衣从刀，會意，為裁衣之始也，故引申為凡託始之通稱。

振 去

之刃切，音震。奮發也。

振作　不振

振，舉救也。如振作之振，以舉為義；振荒之振，以救為義。

作 入

則洛切，音藏字之入聲。興起也，舉事也。

振作　作為

興起曰作，如論語三嗅而作之作是；舉事亦曰作，如禮後聖有作之作是，引申之為製作之作。

迷 平

莫衣切，音麛。不悟也。

昏迷　迷途

迷為失其所欲行之路也，引申之為迷惑之迷。

遽 去

其遽切，音詎。迅疾也。

急遽

遽，驛傳也。驛傳最速，故引為急遽之遽。疾、遽皆為不遲之稱。疾雖速，而以從容出之；遽則有倉卒窘迫之態也。

呈 平

駐平切，音程，表去暴於外曰呈、

訴呈　呈政

呈，露也，相示以言曰呈，故从口壬聲、又直正切，音鄭，奉於上曰呈，如呈閱呈政之類是也，引申為呈遞供狀之呈、

告 去

古到切，音誥，以事相白曰告、

拈告　告白

告，報也，上告下曰誥，下告上曰告、又姑沃切，音梏，告謁請也，如論語告朔之告是

迓 去

魚駕切，音訝，迎也、

敬迓　迓師

迓通作訝、

開 平

苦哀切，音侅，門闢也、

始開　開端

開雖與闢與啟同義，然未開為闢已開為啟，不過開兼此二義而已、

閉 去

必計切，音嬖，門闔也、

開閉　閉戶

說文閉从門从才，言才所以距門也、

闢 入

毗亦切，音擗，創開也、

開闢　闢土

開所未開與開所不易開皆曰闢，闢必有所除，故屏除亦曰闢，如闢土地闢佛是、

遐 平

何加切、音霞、遠也、遐邇、

遐即遠字之替代、而與、邇字相對而言也、如遐邇、即遠近也、又與何字、有相通之義焉、古云、遐不即何不也、

邇 上

厄爾切、音爾、近也、孔邇、

詩父母孔邇、註云、孔甚也、邇近也、言父母甚近也、中庸君子之道、欲求乎遠、必自邇、邇字亦是此義、

遠 上 去

雲阮切、音爰、上聲、相離不近、謂之遠、長遠、遠方

詩其室則邇、其人甚遠、遠即邇字之對待也、又敬鬼神而遠之、讀如願、是彼欲相親于我而我不使之近也、

近 上 去

其謹切、音瘽、相距在邇曰近、相近、近來、又讀去聲

近者、謂將及而未及之辭也、如近悅遠來之近、及近地近今之近、皆此意也、又近侍近光、則作去聲讀、近之言附也、言非實到、而已附近也、

通 平

他紅切、音痛平聲、無往不達曰通、通達、精通

通者、四通八達、絕無粘滯險阻之謂也、故于古往今來無不周知者、謂之通、儒世事練達無不洞曉者、謂之通今也、

達 入

陀葛切、音答、世物洞曉曰達、豁達、達巷、

爾雅八達謂之莊、達通也、又虞書、達四聰、禹貢達于河、俱作通字解、至于萌者盡達、其達而上出、雖分而其作通解則一、

倍其丈尺曰長、故引申為久長之長、又讀展兩切、音掌、年高爵尊皆為之長、君長之長、與長上之長、則以其爵尊也、長子之長、則以其年長於諸子也、

長
上平

仲良切、音場、短之對也、
久長　長發

短
上

都管切、音端上聲、反薄曰厚、
寬厚　厚重

說文、短从矢从豆、會意、因橫用之器、矢最短、豎用之器、豆最短也、引申之為不長之統稱、如短兵之短、是故許人之過亦曰短、

巨
去

其呂切、音渠去聲、
巨萬　甚巨

巨矩之本字、通訓為大、如巨室巨川之巨、是萬萬亦曰巨萬、亦謂數之最大者也、

細
去

蘇計切、音婿、反巨曰細、
巨細　細微

引申為精細詳細之細、謂其處事精詳、察及纖微也、

濶
入

苦活切、音适、寬廣也、
寬濶　濶大

濶、疏也、疏則寬、故引申為寬濶之濶、寬則不密、故又申為契濶濶別之濶、

狹
入

下甲切、音匣、濶之對也、
隘狹　狹路

狹、隘也、故道途迫窄曰路狹、局度偏淺曰量狹、又通狎、暱也、狎暱又作狹暱、

詳 平

徐羊切，音翔。反畧為詳。精詳。詳細。

詳審議也。引申為精詳、詳細之詳。

精 平

子盈切，音晶。明潔也。妖精。精神。

精，擇米也。引申之凡擇之已純者皆可謂之精。又申為精神、精氣之精。

麤 平

倉胡切，音粗。不精也。

麤行迠逺也。會意。二鹿逐一鹿之後也。逐則步大，故引申為麤大、麤莽之麤，若麤糲之麤，則粗之假借也。

畧 入

離灼切，音掠。麤舉大概。韜畧。畧地。

說文：畧从田从各，會意。經畧土地，各正疆界也。引申之凡有條理者皆謂之畧。如方畧、韜畧之畧。反之即疏畧、忽畧之畧。

厚 去

很口切，音候上聲。不長之謂也。日短。短折。

厚與𠫤同音異義。𠫤則專指山陵之𠫤而言，今通作厚，故凡不薄者皆曰厚，如厚重、寬厚是。

薄 入

傍各切，音剝。不厚也。澆薄。薄暮。

薄，草叢生也。轉為帷薄之薄，又假為厚薄之薄。又讀迫各切，音博。相逼迫也。如易雷風相薄是。

卑 平

逋眉切，音盃，尊去與高之對也。尊卑 卑職

卑賤也，用為謙遜之稱，如卑職之卑，是賤者必下，故下溼之地亦曰卑。

亢 平

古郎切，音岡，人頸也。

古文亢字象人頸筋脈之形，推之鳥喉亦謂之亢。又苦浪切，音糠，去聲，無所卑屈之謂，如亢志亢節之亢是。又角亢，星名。

上

藐 入

亡沼切，音眇，藐之小者。藐藐 藐小

藐小也，凡小視人者皆謂之藐。又讀莫角切，音邈，美盛之稱，如詩既成藐藐是。

幽 平

于尤切，音呦，隱晦也。深幽 幽人

說文，幽从山从丝，有深遠難明之意，如幽人幽谷之幽是。

稀 平

香依切，音希，不密也。古稀 稀疏

稀疏也，與希通。

密 入

覓筆切，音蜜，深藏不露也。秘密 密電

密山如堂者為密，謂其隱藏而不露也，故幾密慎密之密，皆以不露為義。

豐 平

敷戎切，音酆，充盛也，豐盛　從豐

說文豐从山从豆，會意，豐豆之豐滿者也，引申為充盛之稱，如草盛曰豐草，大有年曰豐年，

盛 平

氏征切，音成，以器受物也，盛衰　粢盛

盛謂盛黍稷於器也，引申之能容物皆曰盛，又讀丞政切，音成去聲，氣象昌熾也，

碩 入

常隻切，音石，大也，碩鼠　碩人

碩大也，引申之凡大者皆謂之碩，

隆 平

良中切，音癃，豐盛也，豐隆　隆冬

隆，盛大也，

永 上

干憬切，音栐，長且遠也，不永　永年

永水長貌，如詩言江之永矣是，引申之為長且遠之義，如永年永懷永終之永是，

普 上

滂古切，音浦，周徧也，普天　普門

普本作普，日無色也，無色則遠近皆冥，故引申為普徧之普，

去
燦

倉案切，音粲，爛然大偕也，燦燦 燦爛

燦通作粲，

入
赫

郝格切，音黑，聲勢張大之謂也，赫然 烜赫

赫，火赤貌，从二赤，謂赤之盛，引申為烜赫顯赫之赫，

去
靖

疾郢切，音穽，安定也，安靖 靖共

靖，安也，使之相安亦曰靖，如靖亂之靖是，

入
綽

昌約切，音婥，寬裕也，寬綽 綽約

綽，寬然有餘也，如綽約綽態之綽，亦謂其美麗有餘也，

去
裕

俞戌切，音諭，綽有餘也，寬裕 裕國

裕，衣物饒也，引申為寬饒之稱，

平
悠

以周切，音由，憂思也，悠悠 悠久

悠，深長思也，故引申為悠遠之悠，

異 去

年吏切、音移去聲、不同之謂也、 珍異 異數

異、不同也、如異名異趣、是反常亦曰異、如妖異之異是、又翹然獨出者亦曰異、如異等之異是、

挺 上

待鼎切、音艇、特出有力也、 矯挺 挺拔

說文、挺从手从廷、言手持物而挺出之也、引申為挺括之挺、

邈 入

莫角切、音貌、曠遠也、 幽邈 邈邈

邈、幽曠綿遠之貌、

彬 平

悲中切、音豳、文質適均也、 彬彬

說文作份、作斌、文質備也、謂其相襍成章、無畸輕畸重之弊也、

炳 上

兵永切、音丙、明也、 麟炳 炳然

炳、明照也、从火丙聲、謂火之光明畢照也、

崇 平

鉏中切、音漴、高大也、 尊崇 崇高

崇、从山宗聲、中岳為山之宗、取其崇高之義、又引申為尊崇之崇、假借為崇朝之崇、

溥

上

滂古切、音普、廣大也、 溥大 溥通

溥、大水也、水大則無不徧、故引申為大無不徧之稱、義與普同、

巍

平

語韋切、音嵬、山形高峻也、 崔巍 巍然

巍、高大也、俗省作巍、又申為獨立之貌、如莊子巍然而已是

玲

平

郎丁切、音靈、玉聲、 玲瓏

玲、玉聲也、其聲冷冷然、明且清也、引伸之凡人物明爽可喜者曰玲瓏、

瓏

平

尤鍾切、音龍、玉聲也、

瓏、禱旱玉也、引申為玉度鏗鏘之聲、

尖

平

子廉切、音漸、物端銳者曰尖、 筆尖 尖頭

尖本作兓、俗作尖、末銳而小之稱、

扁

上 平

補典切、音匾、器不圓也、 圓扁 扁額

說文、扁从户从冊、會意、署門户之文也、假借為不圓者之稱、如漢書三韓生兒、欲其頭扁是也、又讀仳延切、音篇、小舟謂之扁舟、

硬 去

五更切，音額去聲，堅也。
堅硬　硬弓

硬從石，謂石之堅也，引申之凡類石之堅者皆曰硬。

穩 上

烏本切，音温上聲，安妥也。
安穩　穩妥

穩，妥適也。

散 上 去

蘇旱切，音傘，分離也。
離散　散放

散漫無歸束也，引申為聚散、散放之散，又讀蘇旰切，義同。

堅 平

古賢切，音肩，牢不可破也。
勁堅　堅固

堅，剛勁也。

妥 上

吐火切，音婑，安置不頗曰妥。
平妥　妥貼

妥，穩適也。

整 上

之郢切，音征上聲，齊也。
齊整　整理

整，謂不散亂也，記而理之曰整理。

空 平

苦紅切，音崆，中虛也。司空　空氣

空，竅也，經傳多以孔為之，如空穴之空是。空必中虛，引申為空虛之空，又申為空乏之空。

襍 入

徂合切，音雜，物不純也。繁襍　襍物

襍，駁彩也，言五色相合成文也。引申為駁而不純者皆曰襍。

匀 平

羊倫切，音云，均也。均匀　匀稱

匀與均同意，言使物調平，不致有多少也。

虛 平

去魚切，音袪，大阜也。空虛　虛心

虛，邱阜也，如詩升被虛矣之虛是。引申為空虛之虛，讀休居切，音嘘。又星名。

瑣 上

蘇果切，音貨，碎也。繁瑣

瑣，从玉𧴪聲，玉聲之細碎者，故引申為細小之通稱。

坦 上

儻旱切，音灘上聲，寬平也。坦白　平坦

坦，平直不頗也。引申為坦白之坦。又稱人婿謂之坦腹。

包 平

布交切、音包、裹物也、書包　包容

包、裹也、所裹之物曰包、物用以裹亦曰包、引申之為包涵之包。

載 上 去

作伐切、音再、乘也、裝載　載拜

載、以車乘物也、專言之乘於車者曰載、泛言之凡物加於上皆曰載、因轉為記載之載、又謂年為載、蓋取地所載之植已一熟也、唐虞讀子亥切、音宰、

轉 上 去

止兖切、音專上聲、旋行也・旋轉　轉車

輪轉旋也、輪半周曰輾、一周曰轉、引申為往復之詞、又使物旋行亦曰轉、讀株戀切、音專去聲

裝 平

側羊切、音莊、整束也、

束衣使整齊曰裝、引申之為古裝之裝、言貽式也、軍裝之裝、言器械也、

墊 去

都念切、音店、下也、椅墊　墊子

墊、土陷也、陷則委溺、故引申為昏墊之墊、又借為墊滿之墊、

築 入

之六切、音竹、擣土使堅也、版築　築墻

築、擣土之杵也、以杵擣之即曰築、引申之凡實其中擣之使堅皆曰築、

艱 平

居閑切，音間，難也，丁艱　艱澀

艱，土難治也，引申為不易之稱，如艱窘艱險之類是。

虧 平

驅為切，音[illegible]，損也，盈虧　虧折

虧，由盈而缺之謂也，又氣損也，引申為損缺之通稱。

滯 去

直例切，音彘，不流也，凝滯　滯流

滯，凝也，流之對也。

難 平 去

那干切，音難，不易也，繁難　難事

難古作鷬，鷬鳥也，假為艱難之難，引申為問難之難，又申為患難之難，均讀事旦切，音囏。

損 上

蘇本切，音孫上聲，虧損　損益

損，減也，引申為損益之損，又申為損傷之損，又卦名。

窒 入

陟栗切，音挃，阻隔也，穹窒　窒礙

窒，塞也，引申為凡事有所止塞皆謂之窒，如窒礙之窒是。

紛 平

府文切，音芬，繁亂也。

繁紛　紛紜

紛，馬尾韜也，馬尾散亂，用韜束之，故引申為亂而無所收束，亦曰紛。

紜 平

于分切，音雲，猶紛也。

紜本作䡝，與紛義同，紜䡝二字疊韻。

猝 入

麤没切，音𥿭，倉遽也。

倉猝　猝然

猝，犬從草暴出逐人也，有怱遽義，經傳多以卒為之。

徐 平

祥余切，音序平聲，從容不迫之謂也。

疾徐　徐行　又姓

徐者，寬緩和舒之意。

迅 去

思晋切，音信，疾也。

迅疾　迅雷

迅，从辵从卂會意，疾行也，故引申為急疾之通稱。

迫 入

博白切，音百，急遽也。

迫窘　迫人

迫有無可如何之意，人窘我謂之迫，我迫人亦謂之迫。

深

平

式針切，音葠，水不可測曰深，

淺深　深湥

深，淺之對也，引申之凡不可測者皆曰深，如學問淵深之深是，

淺

上

七衍切，音千上聲，不深之謂也，

水淺　淺近

淺者，對深而言，凡一望而底蘊畢露者皆謂之淺，

浮

平

縛牟切，音罘，漂流無定之謂也，

粗浮　浮沈

浮者，物在水面漂泊無定所也，引申為凡無定向者皆曰浮，故無恒業者曰浮蕩，無實言者曰浮夸，

游

平

夷周切，音猷，浮行水面也，

浮游　游玩

游，旌旗之流也，言旌旗下垂有若水流，故引申為浮游水面之游，又申為游行自在之游，

淤

平

依據切，音飫，濁泥也，

淤泥　淤塞

水中之濁泥曰淤泥，水為濁泥所壅塞曰淤塞，讀依虛切，音於，義同，

壅

上　平

於容切，音邕，塞水也，

壅，水阻使不通也，凡隄岸駁蝕加土封之則曰壅，引申之為壅蔽之壅，又有培植之意，故培覆卉木根之土亦曰壅，讀伊竦切，音擁，義同，

將（去　平）

子諒切、音醬、帥師曰將、
兵將　將帥

將、本訓將帥之將、今讀資良切、音漿、為且然而未必之詞、如易是以君子將有為也、又作幾及之詞、如孟子將五十里是、

纔（平）

牆來切、音裁、時過不一瞬曰纔、
纔能　方纔

淺色曰纔、引申為淺之通稱、又與才通、方才之纔也、

頗（上　平）

普禾切、音波、不平也、
偏頗　頗好

頗、頭偏也、今讀普大切、謂少也略也、如史記臣頗采古禮是、又謂譏詞、如常語以差多為頗多、又作歎詞、以良久為頗久、以多有為頗有、

并（去　平）

補明切、音餅平聲、合一也、
兼并　并吞

并與兼同義、俗用并且即兼且也、然有進一層意思、又皆也、如書朕卜并吉是、讀波病切、與併通、

屢（去）

龍遇切、音慮、事不一次曰屢、
屢屢　屢次

屢訓為數、如論語屢空之屢是、又如屢次之屢是、

頻（平）

毗賓切、音顰、至再至三曰頻、
自頻　頻仍

頻、本義訓濱、如詩亦云自頻之頻是、假借為頻蹙之頻、又假為頻仍頻間之頻、

若 入

日灼切、音弱、假設也、 不若 是若

若、擇菜也、假借作順字解、如詩天子是若、是為如字義、如孟子指不若人、是又為確指之詞、如求若所欲之若、是如俗用若干之若、本儀禮若干絕句、乃未定之詞也、

不 入

逋設切、音補入聲、否也、 豈不 不然

不、鳥飛翔而不下也、引申之義與弗略同、又作反詞、如書我生不有命在天、是又作疑詞、如左傳不尚取之、是又與可否之否通、音缶、讀俯九切、又音否平聲問詞、今收入尤韻者也、

必 入

璧吉切、音畢、決然之詞、 不必 必定

必、毅然決然之詞、

尚 去

時樣切、音上、冀也、又猶也、 高尚 尚且

尚、曾也、庶幾也、如詩不尚息也即曾義也、書尚亦有利哉、即庶幾義也、又貴也、如孟子尚志、又與上通、如尚論古人之尚是

既 去

居氣切、音暨、事過也、 亦既 既極

既、小食也、假借為少住之義、如論語既而曰、是又為已字義、如書九族既睦、是又為語助辭、如詩既伯既禱是

靡 上 平

毋彼切、音骳、不振也、 靡爛 委靡

靡、披靡也、披靡為無力、故引申為無、如詩靡日不思、是無而飾為有、亦曰靡、如美色曰靡曼、是又讀忙皮切、音糜、乃靡費之靡也、

乖 平

公懷切、音怪平去聲、
乖僻 乖張

戾 去

力霽切、音麗、不悔前過曰戾、
乖戾

毒 入

徒沃切、音碡、凡有害於人者謂之毒、
荼毒 毒害

乖僻也、戾也、動容中禮謂之和、說文戾曲也、从犬出户下、戾者毒惡也、又害也、害人之物曰毒
反和為乖、說文乖背逆也、背者身曲戾也、 又力至切、音利、乖置毒於物曰毒、 又荼毒痛苦
違凡故與人背違者謂之乖、也罪也、 也憤毒怨恨也、
又度耐切、音代、同瑇、瑇瑁亦作
毒冒、

害 去

合蓋切、音孩去聲、害者利之反也、又傷人也、
傷害 害人

惡 去 入 平

遏各切、音堊、惡者善之反也、
善惡 惡報

凶 平

虛容切、音胷、惡人之稱、又吉之反也、
吉凶 凶惡

說文、傷也、从宀从口、言害從家惡、凶暴也、凡事之不善者皆曰凶、險惡也、从乂从凵、象地穿穴
起也、凡事之不利者、皆謂之害、惡、 又烏故切、音汙、去聲、惡者、交陷其中也、凡人之險惡皆謂
又何割切、音曷、何也、與曷同、愛之對也、 又汪烏切、音汙、惡之凶、 又凡事之不吉者、亦謂
歎聲、與烏通、何也、之凶、

毋 平

微夫切、音無、

得毋　毋是

毋、禁止之辭、如論語毋友不如己者是、又疑而未決之詞、如晉書將毋同是、

每 上

莫痡切、音浼、不一之稱、

每每　每事

每、草盛上出也、引申為各、如每人之每是、又訓為常、如吳志抗每不許是、又訓為雖、如詩每有良朋是、又凡事曰每、如每事問是、

各 入

葛鶴切、音閣、異詞也、

各各　各處

各、歷歷可數也、引申為各人之各是、

況 去

許放切、音貺、進一解也、

每況　況且

況、寒水也、與矧義略同、又譬也、如莊子每下愈況是、又以彼形此亦曰況、

皆 平

居諧切、音街、無分彼此之詞、

皆然　皆是

皆、俱也、

悉 入

息七切、音膝、

深悉　悉如

悉者、詳而且盡之辭、有單作盡字解者、如史記悉與貴戚是也、引申作知字解者、如已悉是也、又申作皆字解者、如悉如是也、

故 去

古慕切、音顧、有因而至謂之故　事故　故人

故使為之也、引申為事故之故、假借為古、古者舊也、如故國故人之故是、又用承上起下之詞、如故曰之故是、

所 上

爽阻切、音數上聲、確指其處也、　處所　所以

所、伐木聲也、假借為處所之所、引申為人所不能之所、又申為助語辭、如漢書里所復還是也、又假為誓詞、如論語予所否者是、

以 上

養里切、音怡上聲、用也、　所以　以為

以、本作㠯、有所依據之謂也、又作為字解、如論語視其所以是、又作用解、如論語恕乎不以是、又作與字解、如詩式穀以汝是、又語助辭、如書以親九族是、

特 入

敵得切、音㭙、事物之無耦者謂之特、　非特　特科

特、一牛也、引申之凡一而不二者皆謂之特、如特立特行是、又出於庸平之上者曰特、如犿出冠時之特是、又出於常例之外者、亦曰特、如特科特旨之特是

僅 上

具吝切、音覲、纔能曰僅、　僅僅　僅能

僅者、已有而未足之詞、如國語、余一人僅亦守府是、

該 平

古哀切、音垓、宜也、又備也、　該當　應該

該、軍中約也、該、備之該本作晐、又為該當之該、引申為指事之辭、如該處該大臣是、

有 上

云九切、音友、反無曰有、固有　有之

有、事物之已得者之謂也、假借作或字義、如易有隕自天是、作域字解。詩九有之有是。又通作又、如詩不日有曀是、

無 平

威夫切、音巫、反有曰無、有無　無已

無、如書無偏無黨是、又非也。如禮苟無忠信之人是。又未也。如荀子無之有也是。又作轉語詞。如孟子無已無以是。

莫 入

莫古切、音慕、日落也、歲莫　莫景

莫、日在草中也、今用作暮、暮則日冥、冥則不可見、故引申為莫有之莫、又申為定讀、末各切、音寞、如詩民之莫矣是、若莫作莫學等語、乃禁止之辭也、

蔑 入

彌列切、音篾、昏不見物也、輕蔑　蔑有

蔑、勞目無精也、無精則不可見、故引申為無、如左傳蔑不濟矣是、又削也、如易蔑貞凶是、又輕也、如詩國步蔑資是、

暨 去

居氣切、音既、遞及也、汝暨　暨乎

暨、曰頗見也、頗見者有不全見之義、故引申為不及、反之即為及、亦猶不宜有之為有也、又訓為與、如書汝羲暨和之暨是。今通用暨夫之暨、即及義也、

及 入

忌立切、音琴入聲、已至其處之謂也、逮及　及時

及、引也、亦訓至、如詩燕及皇天是、其旁及者、如覃及鬼方是、其連及者、如史記及岱宗是。又為推逮之詞、俗用及夫及其等是、

且

上　平

七野切、音跙、事不求備之謂也、
況且　且以

且古俎字、今假為苟且之且、又為未定之詞、如我且之且、又為進步之詞、如況且之且、又為發語詞、如且夫之且是、又讀子余切、音疽、語之餘聲、如狂且之且是、

惟

平

夷佳切、音維、心無旁及也、
載惟　惟是

惟思也、如載謀載惟之惟是、以惟為專注之詞、如書惟其人之惟是、

於

平

蘦俱切、音迂、
至於　於是

於語詞也、與于字通用、作發語聲、如春秋于越是、用作介字、如論語吾之於人也是、用作承上、如於是之於是、

豈

上

去幾切、音豈、反說以見意也、
豈敢　豈非

豈與非義同、而豈之詞少曲、如詩豈不爾思是、又為未定之詞、如論語豈其然乎是、又作怎字解、如豈敢是、作何字解、如豈若是、作焉字解、如豈能是、本義即奏凱之凱、假為豈弟之豈、

爰

平

于元切、音袁、於也、云也、
爰有　爰書

以文書所受之口詞為証曰爰、如爰書爰宅之爰是、又為語助詞、如詩爰亦集止是、又為發語詞、如爰有爰及是、

但

上

徒亶切、音誕、僅詞也、又轉捩之詞、
不但　但是

但即古袒字、脫衣見體也、又僅也、如非但是、又作唯字解、

凡 平

符咸切，音帆，統其大概曰凡。

大凡　凡民

凡者，括其大概之謂，如詩凡今之人是，又平民曰凡民，蓋舉天下人之大概言之也。

亦 入

夷益切，音睪，牽連而及之詞也。

不亦　亦然

亦者，人之臂亦也，今臂亦之亦，別作腋，而以亦為旁及之詞，如詩亦有和羹是，又為承上之詞，如書不亦在小是，又為不必之詞，如亦未之亦是。

抑 入

乙力切，音億，不揚之謂也。

下抑　抑揚

抑者，以手下按之謂，引申之凡不揚者皆謂之抑，又為反語詞，如抑亦先覺者是，又為轉語詞，如抑末也是，又為發語詞，如孟子抑王興甲兵是，又為亦然之詞，如抑為采色是。

詎 上

臼許切，音巨，猶豈也。

詎能　詎知

詎與豈義同，而語氣略婉，又作那字解，如世說注詎是所長是，又作苟字解，如國語詎然聖人是。

蓋 去

居太切，音匃，覆物曰蓋，所以覆物者亦曰蓋。

雨蓋　蓋闕

蓋，苫也，苫用以覆物者，引申之為蓋愆之蓋是，又假為遲疑之詞，如論語蓋闕如也是，又假作緩詞，如蓋均無貧是。

儻 上

他曩切，音湯，上聲，不敢必之謂也。

倜儻　儻然

儻者，倜儻不羈也，引申為未定之詞，如儻然之儻是。

設 入

式列切、音扇入聲、或然之詞、

施設　設或

設、即陳設之設、又為施設之設、如設官設局是、若無所依據而懸擬者、則為設使假設是、

然 平

如延切、音燃、答問事之是者、謂之然、　自然　然否

然、燒也、如孟子若火之始然是、假為包舉後文之詞、如孟子無若宋人然是、又為應詞、如然否然諾是、

而 平

如支切、音兒、小轉之詞、

既而　而且

而、頰毛也、如周禮作其鱗之而是、如論語本立而道生之而、乃假為承上起下之詞也、如已而已而、絕句也、而主癰疽之而、設詞也、而謀動干戈于邦內之而、轉語也、又訓汝、如抑而強與、

恰 入

乞洽切、音掐、適當也、　恰好　恰可

恰、用心也、假為適可之詞、如恰好之恰是、又如杜詩自在嬌鶯恰恰啼、則重言以狀鳥聲也、

因 平

伊真切、音姻、緣之在前者曰因、

前因　因此

因、就也、引申為依、如論語因不失其親是、若殷因于夏禮之因、則作襲解、時子因陳子之因、作託字解、至俗用因此之因、則承上起下之詞也、

乃 上

囊亥切、音奈上聲、轉詞之緩者、

若乃　乃有

乃者曳詞、用作緩詞、如周禮會乃致事是、用作急詞、如大戴禮乃瓜是、若禮夫曰乃是、助語也、書乃不可不殺、轉語也、乃命羲和之乃、繼事之詞也、詩乃見狂且之乃、別異之詞也、

猶 平

夷周切、音由、比況之詞、又同也、猶人　猶豫

猶、玃屬、性善疑、故性疑稱猶豫、引申為可止而不止之詞、如左傳猶三望是也、又訓為若、如孟子猶緣木而求魚也是、又訓為同、如論語吾猶人也是、

堪 平

苦含切、音戡、可詞也、那堪　堪輿

堪、地之突起者也、假借作任字解、如詩未堪家多難是、作勝字解、如論語人不堪其憂是、又作可字解、如義山詩黃金堪作屋是、

似 上

詳里切、音巳、酷肖也、不似　似乎

似、本義訓象、如論語屏氣似不息者是、若世說似未肯劣之似乃疑詞也、

又 去

爰救切、音宥、重之為又、不又　又有

又、手也、古文象三指之形、今用為繼上繫前之詞、引申為更端之詞、如書又東至于為之類是也、

仍 平

如陵切、音艿、遵循故事也、仍是　頻仍

仍、因也、如論語仍舊貫是、又數也、如國語晉仍無道是、若爾雅晜孫之子為仍孫、則作重字解也、

殊 平

尚朱切、音殳、絕異也、不殊　殊非

殊、本訓為誅、誅乃非常之刑、故引申訓異、如易天下同歸而殊塗之殊是、又申為決絕之詞、如俗語殊不可解之殊是、若詩殊異乎公路之殊、乃語助辭也、

啻 去

施智切、音翅、僅詞也、 奚啻 不啻

啻猶但也、如書云不啻若自其口出、不啻猶言不但也、

則 入

即德切、音側、法也、 法則 則可

則古文从鼎作𠟭、鼎乃法物、故凡有常法者皆曰則、而可效法者亦曰則、假為盡詞、如禮鷹則為鳩是、又承上起下之詞、如論語則以學文是

聊 平

連條切、音繚、賴也、 無聊 聊且

聊、耳鳴也、楚辭耳聊啾而戃慌乃聊字之本義、假為姑且之詞、如詩聊與之謀是、又為語助詞、如詩椒聊之實是

苟 上

古厚切、音垢、草率也、 不苟 苟且

苟、本草名、假借為苟且之苟、如論語苟志於仁矣之苟、作誠字解、如禮苟無其位之苟、作若字解、若孟子苟得其用之苟、乃為未定之詞也、

即 入

節力切、音稷、就也、 即日 當即

即、時不一瞬也、又就也、如左傳公即位、猶言就位也、就則近、故引申為近、如公羊傳不即人心、猶言不近人情也、如即日之即是乃訓為今、見爾雅注、

雖 平

宣佳切、音綏、轉語詞也、 雖然 雖有

雖、本蟲名、蜥蜴屬、今承用語助詞、如雖有善者雖曰未學是、又作為發語詞、如禮雖請退可也

或

入

獲北切、音惑、不定也、設或、或者

或不定其人其事之詞也、又通作惑、如孟子無或乎王之不知也是、引申為豫設之詞、如論語如或知爾是、

斯

平

相支切、音私、此也、如斯、斯之

斯析也、如詩斧以斯之、猶言以斧析之是也、引申為此、如論語某在斯是、又訓為乃、如論語杖者出斯出矣是、又訓為則、立之斯立是、

屆

去

居隘切、音戒、已至也、弗屆、屆期

行不便曰屆、謂其遠之極而不易至也、如詩致天之屆、即極字義、如屆時屆期之屆、乃即至字義也、

是

上

上紙切、音似、非之反也、如是、是否

是直也、直則為是、非之是、是又為指事之詞、如是以是故之類是、

厥

入

居月切、音蕨、與其字通用、寒厥、厥初

厥掘也、引申為病厥之厥、如俗稱痰厥是、假為指事之詞、如詩貽厥孫謀是、若詩厥初生民之厥、發語詞也、史記序厥有國語助語辭也、

曷

入

何葛切、音褐、反詰之詞、敢遏、曷不

曷何不也、又申作豈字解、如詩曷不肅雝是、至則我莫敢曷之曷、乃遏字之假借也、

孰 入

神亦切，音淑，詰問詞也。疇孰 孰為

孰，熟也，假借作誰字解，如孟子孰能一之是。

攸 平

夷周切，音油，安然得所曰攸。相攸 攸然

攸，行水也，如孟子攸然而逝是也。攸然則得所，故引申為所，如攸居攸往皆是。至詩韓姞相攸，亦謂女歸之得所也。

只 上

掌氏切，音紙，所餘無幾曰只。樂只 只有

只，語已詞也，如詩不諒人只是。其用於下句中者，如樂只君子是。又俗以事物之所餘不多為只者，讀之日切，音質，俗音也。

奚 平

徒雞切，音兮，何也。奚為 奚自

奚，大腹也，假借為何字解，如孟子子奚不為政是。又用作絕句，如莊子汝以妄聽之奚是。至奚童之奚，乃㜎之假借也。

之 平

真而切，音枝，指事之詞，又往也。何之 之他

之，出也，引申為往，如論語之一邦。又作的字解，如禮大學之道。又作所字解，如論語未之難矣是。又為語助詞，未之有也。又為所指之詞，如禮宗廟饗之是。錢塘江亦名之江。

的 入

丁歷切，音一入聲，確也。射的 的確

的，本作旳，明也，假借射的之的。的者，準也，引申為的確之的。又作語助詞，作底字，蓋的一音之轉也，如俗稱老的少的是。

諸 平

專於切、音注平聲、包舉之詞也、月諸　諸君

諸、辯也、引申之為統括之詞、如諸事諸君等是、如詩日居月諸之諸、乃語已詞也、

兮 平

弦雞切、音奚、歌之餘聲也、瑟兮　僩兮

兮、語所稽也、通作猗、如書斷斷猗、禮作兮、其用於句中、如楚辭吉日兮良辰是、其用於句末、如製荷芰以為裳兮是、

焉 平

尤虔切、音蔫、句末平下之詞、者焉　焉爾

焉本鳥名、黃色、出江淮間、承作虛字用、其用於句中者、如終焉允臧是、其用於句末者、如易故稱龍焉是、至論語人焉廋哉之焉、又訓為何、讀因户切、音嫣、

已 上

養里切、音以、畢也、無已　已而

已本作㠯、與以義同、承用作止字解、是亦不可以已乎、又作太字解、如不為已甚是、其用於句首作發端歎者、如書已予惟小子是、其用於句末作語終者、如可謂好學也已是、

矣 上

養里切、音矣、語已詞也、可矣　者矣

矣、決已然之詞也、如論語吾必謂之學矣是、又為起下詞、如甚矣吾衰也是、又為頓挫詞、如詩哿矣富人是、

哉 平

將來切、音栽、語已詞也、異哉　善哉

哉、語詞也、與乎字意同、而乎字較婉、其用於句中者、如論語善哉問是、用以殿句者、如觚哉觚哉是、又訓為始、如書哉生明之哉是、

何 平

下可切、音賀、如無何 何 去

何、擔於肩之謂也、經傳多假作孰誰解、讀寒歌切、音賀、字平聲、如論語非諸侯而何是、又作焉字解、如左傳爾何知是、又詰問詞、如論語何哉爾所謂達者是

奈 平

尼帶切、音㮈、無可如何之詞、無奈 奈何

奈果名、假借為奈何之奈、如書曷其奈何弗敬是、又但用奈字者、如淮南子無可奈也是、俗作奈、

乎 平

洪孤切、音湖、疑詞也、又詠歎詞 信乎 確乎

乎、語之餘聲也、經傳多用為疑詞、如詩胡為乎是、為語已詞、如論語必也正名乎是、為詠歎詞、如使乎使乎是、為詰問詞、如子亦有異聞乎是

者 上

止野切、音赭、語已詞、老者 者也

者、別事詞也、經傳中多用為有所指之詞、如者也者焉之類是、又為起下之詞、如禮仁者人也是、又為語已詞、如公牘中須至申者、須至履歷者皆是

也 上

以者切、音野、詞之終也、可也 也者

也、詞之決也、用以結上文、如論語亦可宗也是、起下文、如赤之適齊也是、又為語助辭、而用在句中者、其為人也孝弟是

耶 平

於遮切、音夜平聲、詰問詞之婉者、是耶 耶穌

耶、即邪正之邪字、通用作語末疑詞、亦有詠歎之意、如易乾坤其易之門耶是、又代兮字用、如國策松耶柏耶是

圖書在版編目（CIP）數據

環地福分類字課圖説：全四册 /（清）趙金壽編；(清) 儲丙鶉校；(清) 王淦生繪圖；(清) 李節齋編字. -- 天津：天津人民出版社, 2017.11（2020.10重印）
ISBN 978-7-201-12474-2

Ⅰ. ①環… Ⅱ. ①趙… ②儲… ③王… ④李… Ⅲ. ①漢字－字典－中國－清代 Ⅳ. ①H163

中國版本圖書館CIP數據核字(2017)第238498號

項目策劃 紫圖圖書
監　　制 黄　利　萬　夏
編　　撰 趙金壽
校　　對 儲丙鶉
編　　字 李節齋
繪　　圖 王淦生
責任編輯 瑋麗斯
特約編輯 高　翔
裝幀設計 紫圖裝幀

環地福分類字課圖説（全四册）

出　　版 天津人民出版社
出 版 人 黄　沛
社　　址 天津市和平區西康路35號康岳大厦
郵政編碼 300051
郵購電話（022）23332469
網　　址 http://www.tjrmcbs.com
電子信箱 reader@tjrmcbs.com
印　　刷 北京中科印刷有限公司
經　　銷 新華書店
開　　本 889毫米×1194毫米　1/16
印　　張 47
字　　數 450千字
版次印次 2017年11月第1版
　　　　 2020年10月第2次印刷
定　　價 129.00元（全四册）